# 中国的包容性创新

中国科学技术发展战略研究院课题组　编著



科学技术文献出版社
SCIENTIFIC AND TECHNICAL DOCUMENTATION PRESS
·北京·

**图书在版编目（CIP）数据**

中国的包容性创新 / 中国科学技术发展战略研究院课题组编著. —北京：科学技术文献出版社，2015. 10
ISBN 978-7-5189-0774-8

Ⅰ. ①中…　Ⅱ. ①中…　Ⅲ. ①企业创新—研究—中国　Ⅳ. ① F279.23

中国版本图书馆 CIP 数据核字（2015）第 245098 号

**中国的包容性创新**

策划编辑：李　蕊　　责任编辑：张　红　　责任校对：赵　瑷　　责任出版：张志平

出 版 者　科学技术文献出版社
地　　址　北京市复兴路15号　邮编 100038
编 务 部　（010）58882938，58882087（传真）
发 行 部　（010）58882868，58882874（传真）
邮 购 部　（010）58882873
官方网址　www.stdp.com.cn
发 行 者　科学技术文献出版社发行　全国各地新华书店经销
印 刷 者　北京时尚印佳彩色印刷有限公司
版　　次　2015 年 10 月第 1 版　2015 年 10 月第 1 次印刷
开　　本　710 × 1000　1/16
字　　数　122千
印　　张　8
书　　号　ISBN 978-7-5189-0774-8
定　　价　36.00元

**编委会**（按姓氏笔画排序）：

王奋宇　王蓉芳　史　昱

刘冬梅　刘　峰　孙福全

李　哲　赵延东　郭　戎

**编写组：**

第一章　郝君超、李　哲

第二章　赵延东、张文霞、曹玉娟

第三章　许竹青

第四章　许竹青

第五章　苏　楠

第六章　付剑锋

第七章　何光喜、郝君超、李　研、马永斌

第八章　郝君超

# 前言

包容性创新是近年兴起的国际性议题，突出反映了低收入人群在创新方面的诉求和活力。包容性创新的理念在印度等国和 OECD 得到了广泛的关注和讨论。

中国经过改革开放和持续高速的经济发展，人均 GDP 从 1978 年的不到 400 美元增长到 2013 年的 6000 多美元。根据中国国家统计局 2013 年底的数据，2012 年城镇居民人均收入较 1978 年增长了 71 倍，农村居民人均纯收入增长了 56 倍，同时财政收入增长了 103 倍。按世界银行的标准，中国已进入中等收入经济体行列。从这个角度来看，中国 10 多亿人口从“温饱”到实现中等收入的发展过程，整体上看也是实现包容性增长的过程，围绕这种增长所开展的各类科技创新也都具有包容性创新的基本特点。

尽管中国围绕包容性创新的理念开展了很多实践，但包容性创新这一概念在中国的政策语言中尚未出现。那么，为什么还要以中国为对象，单独探讨包容性创新的话题？原因可能来自于几个方面：第一，基于收入、公共服务等领域中国仍存在不可忽视的结构性特征，需要更多关注城乡差异、地区差异、收入差异等因素对创新的影响。例如，在人均 GDP 保持增长的同时，中国仍有 2 亿多人口生活在世界银行提出的贫困线以下，约占全球贫困人口的十分之一。2013 年中国居民收入基尼系数为 0.473（国家统计局 2014 年 1 月数据），处于收入差距较大的国别行列。第二，中国政府在发展理念上，更加注重成果更多、更公平地惠及全体人民，通过完善公共服务体系、创造高质量就业、减小收入分配差距等方式，使人民走向共同富裕。第三，包容性创新的理论深化需要更多的实证加以支持，中国的生动实践不仅可以丰富包容性创新的理论，也有望为各个国家和地区提供有借鉴意义的参考。

基于这些考虑，我们以科技创新为切入点，关注了科技成果如何广泛应用于民生领域，科普和教育如何提高公众的创新能力，草根群体如何通过创新提高经济收益，科技活动如何弥补城乡间和区域间的发展差距，如何为新兴产业、中小微企业创造更积极的市场环境。围绕这些主题，我们收集分析了有关的政策和案例，并分章进行了总结。同时，基于这些实践，我们也就包容性创新在中国面临的挑战和前景进行了探讨。希望本报告能反映中国在包容性创新领域的状态，为各界提供有益的参考。

课题组

2015 年 10 月

# 摘　要

包容性创新的最初定义是指利用科学、技术和创新诀窍以解决低收入群体的需求。这包含两层含义，一方面，针对低收入群体的特定需求开展创新活动，使他们能够获得并享受创新成果；另一方面，低收入群体亲自参与、推动、实施具体的创新活动，即“草根创新”。尽管中国政府从未在官方文件中提到包容性创新，但在政策导向上，从主要关注科技对经济发展的支撑引领作用，已开始拓展到对创新包容性的关注。我们认为包容性创新不仅面向低收入群体，也面向脆弱性区域、新兴产业和中小微企业。中国政府在通过包容性创新促进民生改善、农业和农村发展、区域发展、产业发展、中小企业成长以及草根创新方面开展了大量的实践活动，但同时仍然面临着低收入群体总量大、比例高、收入差距较大、基本公共服务不均等等现象。可以说，包容性创新在中国既有着丰富的实践基础，也是一项新的议题。

在包容性创新促进民生改善方面，“十二五”以来，中国科技创新正在进入一个促进经济社会协调发展、促进边缘化群体与欠发达地区共享增长的新阶段。政府通过编制科技发展规划、实施科技计划和重大科技工程项目、启动实施科技惠民计划、启动专项科技行动、建立试点和实验区、实施示范工程等形式，重点支持了资源与环境、人口与健康、城镇化与城市发展、防灾减灾与公共安全等民生领域。

在包容性创新促进农业和农村发展方面，中国自 20 世纪 80 年代开始，对经济落后地区的农村及农民开展科技扶贫工作。这些工作包括：制定科技扶贫规划，建立完善的工作机制；推广先进适用技术，培育贫困地区经济增长点；构建贫困地区的科技服务体系；重视科普培训，提升贫困户自我发展的能力。20 世纪 90 年代探索形成的“科技特派员”服务模式，增强了农民依靠科技脱贫致富以及参与创新的能力。

在包容性创新促进区域发展方面，中国先后启动了科技援藏、科技援疆、西部大开发等重大战略性活动。1996 年科技援藏工作启动；2007 年，全国科技支疆行动启动，出台了《关于推进科技支疆工作的意见》等多项政策，不断加大对新疆的支持力度；2000 年中央提出实施西部大开发战略，通过综合改革试验区、重点经济区、对外开放经济区等方式支持西部 12 省发展，大大提升了西部落后地区的经济社会发展水平。

在包容性创新促进产业发展方面，包容性的理念反映在对新兴产业的培育和引导上。一方面，包容性创新成为促进产业发展的路径之一，这包括由政府组织或者支持开展创新活动的"自上而下"模式，如 20 世纪 60 年代中国政府组织的低成本抗疟药物研发创新，还包括市场自发开展创新活动的"自下而上"模式，如中国山寨手机产业的低成本微创新；另一方面，新兴产业发展需要包容性创新，新兴产业初期在规模和技术方面都存在较高的进入壁垒，需要政府在政策上给予支持，如中国政府启动金太阳工程促进光伏产业发展等。

在包容性创新促进中小微企业培育方面，中国通过中试条件、资金等方面的支持鼓励企业通过创新提高竞争力。中国政府于 1999 年设立科技型中小企业技术创新基金，对在市场竞争中处于弱势的初创期中小微企业给予资金支持。2001 年，国家设立农业科技成果转化引导基金，支持农业、林业等科技成果进入生产的前期性开发、中试、熟化环节。1986 年起实施星火计划，在培育乡镇企业、培育区域特色支柱产业等方面取得显著效果。

除此之外，草根创新也是中国开展包容性创新的一项重要实践。首先，国家启动"科普惠农兴村计划"、"农村青少年科技创新操作室"等科普活动，制定实施《关于实施教育扶贫工程的意见》等一系列政策，使草根创新成为可能。其次，中国各类组织也积极为草根创新提供孵化、融资贷款、技术咨询等科技服务，为草根创新提供条件。在此情况下，中国的蓝领工人、失业人员、普通农民、大学生及青少年等草根群体自发开展了一系列发明、创新活动，不仅创造了经济价值，同时也带来了社会效益。

目前，中国开展了一系列包容性创新的实践活动，并取得了良好的效果，但仍存在着一定问题。为了更好地在中国推进包容性创新，中国政府需要在使包容性理念成为创新的主流价值、关注包容性创新的区域差异与人群差异、围绕创新不同阶段构建完整的政策体系以及注重创新风险与收益的均衡等方面做出努力。

# 目　录

# 第一章　包容性创新的概念及特征

中国政府虽然没有在官方文件中正式提出包容性创新的理念，但是从1978年改革开放后，中国政府实施的一系列推动社会和谐发展，进行科技扶贫，支持落后区域、弱势产业以及中小微企业的计划，到草根群体自发进行发明创造，并不断转化为经济效益，这一系列举动都与包容性创新的实质十分契合。

## 一、包容性创新的概念

包容性创新理念建立在包容性增长的基础之上，但是又与后者有所区别。Prahalad 与 Hart（2002）提出金字塔底层（base of the pyramid，BoP）战略，认为金字塔底层群体是指生活在贫困线以下、权利得不到充分保障的人群，这一群体内部蕴含着巨大商机，企业通过技术与商业模式的创新来满足其内在需求或利用其创新能力，不仅可以获得足够的经济回报，还能提高该群体的生活质量，缓解和消除贫困[①]。George 等（2012）提出包容性创新（inclusive innovation）的概念，认为包容性创新是为了实现包容性增长而进行的创新，其本质是为了改善金字塔底层群体的福利而创造和提供更多的机会[②]。经济合作与发展组织（OECD）（2012）认为，包容性创新是利用科学、技术和创新诀窍以解决低收入群体的需求。这包含两层含义，一方面，针对低收入群体的特定需求开展创新活动，使他们能够获得并享受创新成果；另一方面，低收入群体亲自参与、推动、实施具体的创新活动，

---

① Prahalad CK, Hart SL. The fortune at the bottom of the pyramid. Strategy & Business, 2002, 26: 54–67.

② Gerard George, Anita M McGahan, Jaideep Prabhu. Innovation for Inclusive Growth.Towards a Theoretical Framework and a Research Agenda.Journal of Management Studies，2012（7）:661–681.

在创新过程中发挥作用、创造价值，这也被称为“草根创新”（grassroots innovation）[①]。

相较而言，OECD 的界定更为全面、深刻，因此本文采用该定义。在包容性创新针对的群体方面，OECD 主要从收入角度进行界定，但是，包容性创新所针对的群体不仅应当包括经济收入较低的人群，还应当包括受教育程度较低、与权力阶层距离较远的群体，如城市低收入者、农村文化水平较低者等。

## 二、包容性创新的基本特征与内涵

### （一）包容性创新的基本特征

作为创新的一种新类型，包容性创新应符合创新的一般规律，需要通过产品、服务、流程、组织、营销等方面的改进促使新想法的价值实现。在包容性创新中，同样应当发挥市场配置机制的基础作用，促使企业寻求商机，主动为边缘群体提供适合的产品，而不是直接通过政府采购等手段强制进行。同时，包容性创新还具有其独特之处，主要体现在以下几个方面：

**1.聚焦为边缘群体获取经济社会福利**

边缘群体由于受到经济、地理、社会及其他结构性障碍，无法获得与其他社会成员相同的经济和社会福利。包容性创新重点针对这些群体，提供创新成果或使其参与创新实践，提高社会整体福利。

**2.强调中间过程的公平性和机会提供**

让所有人都能够从创新活动中受益，这是包容性创新公平性的体现，同时也是社会公平的内在要求。包容性创新使得边缘群体能够获得并享受创新成果，参与具体的创新活动，创造与其他社会群体平等的机会，并且使这些机会在现阶段能够为边缘群体所利用。

**3.提供的产品（服务）及支持应具有低成本性**

由于目标群体自身资源相对缺乏，他们往往不会购买价格高昂、华而不实的创新产品或服务，也不会以较高的成本参与创新活动。因此，为边缘群

① OECD.Innovation and Inclusive Development Discussion Report.2012.

体所提供的创新产品和服务应当是在保证质量和功能的基础上，价格相对低廉的，为支持其参与创新活动而提供的技术和工具也应当是低成本的、可接受性较强的。

## （二）中国包容性创新的内涵

作为世界最大的发展中国家，中国的包容性创新范围更广、对象更加丰富。近 30 年来，中国政府在通过创新促进民生改善、农业和农村发展、区域发展、产业发展、中小企业成长以及鼓励草根创新方面开展了大量实践活动。中国的包容性创新在内涵上共包含以下几个层次（如图 1–1）：

第一层次：中国的包容性创新的出发点和落脚点是改善部分社会群体的社会经济福利，包括低收入群体、弱势群体、草根群体、边缘群体等，他们是中国包容性创新的最终受益者者和参与者。一方面，通过民生改善、产业发展提供低成本、符合质量要求的产品和服务，使这些群体能够享受到便捷、平等、低成本的卫生、教育等公共福利，使他们同样能够享受创新成果；另一方面，进行科学技术普及，鼓励草根创新与小微企业发展，降低创新创业门槛，让这些群体能够有机会参与创新活动，进而从根本上改善其经济状况。

第二层次：在经济发展状况、资源情况、人口受教育水平、公共服务水平等方面，中国城乡之间、区域之间仍然存在着较大差异。因此，中国的包容性创新正是要通过提高创新的包容性，解决城乡和区域差异的问题，而缩小收入差距是其中的关键环节。

第三层次：创新是把双刃剑，能够带来高收益同时也蕴藏着极大的风险，包容性创新也不例外。在开展包容性创新过程中，要注重降低环境和社会风险，减少各种危害带来的不良后果。

我们认为，在中国，包容性创新不仅面向低收入群体、弱势群体、草根群体等，还面向农村及脆弱性区域、新兴产业和中小微企业。可以说，中国正在经历着世界最大规模的包容性创新政策实践。

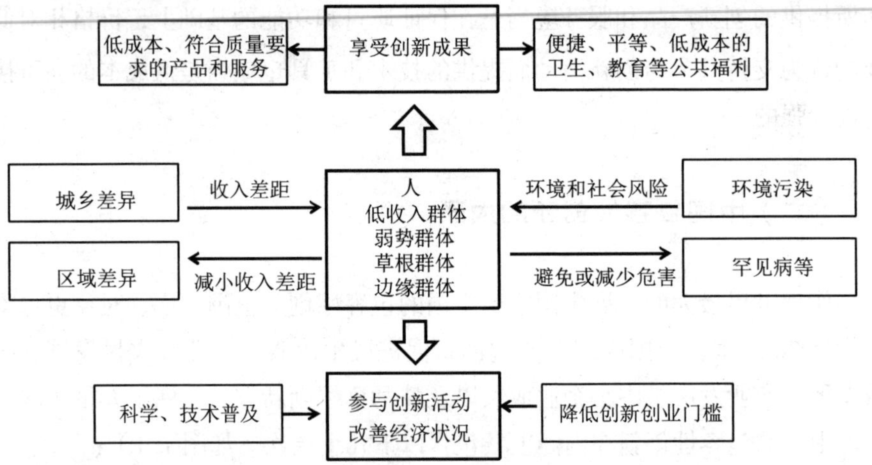


图 1–1 中国包容性创新内涵框架示意图

## 三、中国开展包容性创新的必要性

### （一）低收入群体总量大、比例高

"金字塔底层"① 群体是指未能分享经济成长成果的低收入群体，世界银行对其的定义为每天生活标准不超过 2 美元。据 2009 年统计数据，中国约有 3.65 亿人生活在世界银行的贫困线以下，约占全球贫困人口总数的 1/7。中国贫困人口发生率为 27.2%，在金砖五国中，低于印度和南非，却远远高于巴西和俄罗斯（表 1–1）。数量庞大的贫困人口，对中国针对低收入群体开展包容性创新，以提高其经济收益提出了严峻挑战。

表 1–1 "金砖五国"贫困指标比较（2011 年）

| 指标 \ 国家 | 中国 | 巴西 | 印度 | 俄罗斯 | 南非 |
|---|---|---|---|---|---|
| 总人口（百万） | 1344.1 | 196.7 | 1241.5 | 143.0 | 50.6 |
| 农村人口占总人口的比重（%） | 49 | 15 | 69 | 26 | 38 |

① 金字塔底层概念由印度学者 C · K · 普拉哈拉德 1997 年在《金字塔底层的财富》一文中首次提出。

续表

| 指标＼国家 | 中国 | 巴西 | 印度 | 俄罗斯 | 南非 |
|---|---|---|---|---|---|
| 人均 GDP（美元） | 5447 | 12576 | 1534 | 13284 | 7943 |
| 日均收入 2 美元的贫困发生率（PPP）（人口百分比） | 27.2（2009） | 10.8（2009） | 68.8（2010） | 0.1（2009） | 31.3（2009） |
| 日均收入 1.25 美元的贫困发生率（PPP）（人口百分比） | 11.8（2009） | 6.1（2009） | 32.7（2010） | 0.0（2009） | 13.8（2009） |

数据来源：世界银行数据库 http://data.worldbank.org/indicator。

## （二）收入差距逐渐拉大

根据国家统计局统计数据，2013年中国基尼系数为0.473，虽然自2008年之后中国的基尼系数逐年回落，但仍然处于0.47~0.49，按照国际一般标准，处于收入差距较大行列。2009年，收入最高的20%的人群可支配收入比重达到47.1%，而收入最低的20%的人群可支配收入比重仅为4.7%。同时，中国的城乡收入差距比也在逐年上升，已经由1985年的1.85上升为2010年的3.23。收入不平等现象加剧，促使中国政府通过创新活动改善低收入群体的社会经济福利。

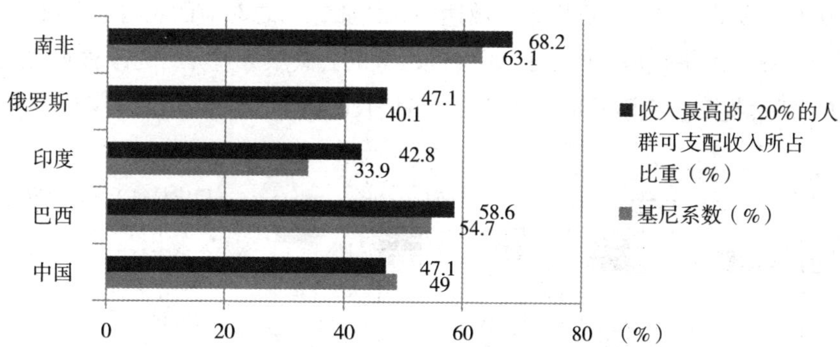


图 1–2　“金砖五国”不平等指标比较（2009 年）

数据来源：世界银行数据库 http://data.worldbank.org/indicator。

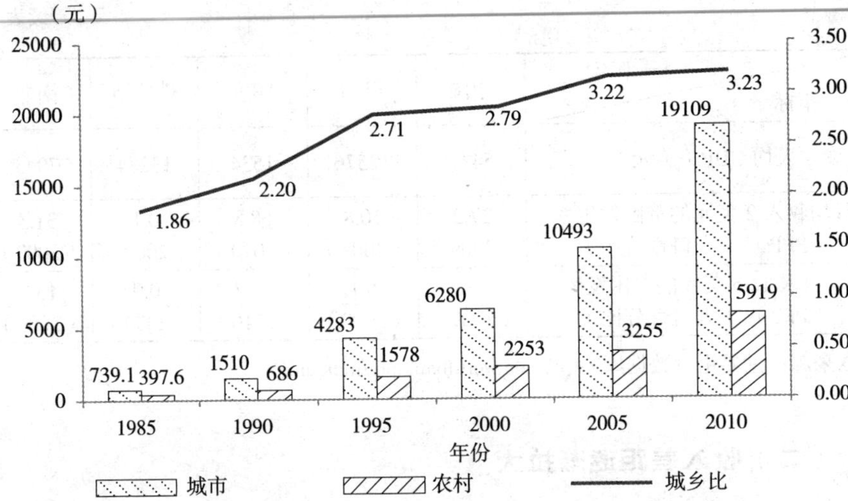


图 1-3　中国城乡可支配收入差距（1985—2010 年）
数据来源：《中国统计年鉴》2011 年。

## （三）享受基本公共服务不均等

低收入群体不仅在经济体系中处于不利地位，在享受基本公共服务方面也处于劣势。近年来，中国基本公共服务水平大幅度提升，但城乡之间的差距却并未减小。以医疗条件为例，2011 年，中国城市每千人口卫生技术人员达到 14.19 人，每千人口医疗机构床位数达到 6.24 张，与之对应的农村数据仅为 5.5 人和 2.8 张，均不足城市的 1/2。城乡间巨大的公共服务差异，为改善农村地区居住条件、提高其生活质量、满足其日益增长的服务需求提供了空间。

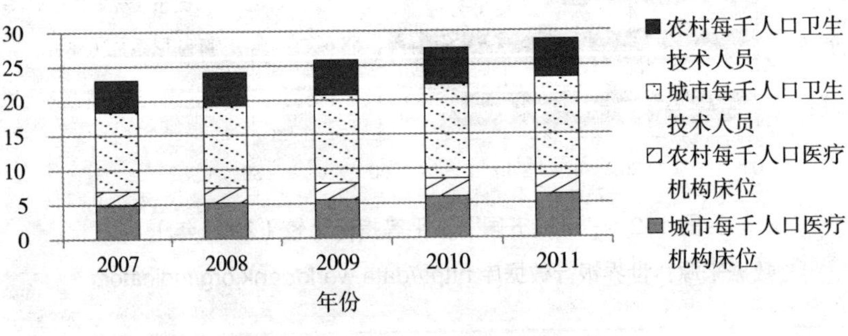


图 1-4　每千人口医疗条件城乡差异（2011 年）
数据来源：《中国卫生统计年鉴》2012 年。

## 四、中国包容性创新实践的历程

中国的创新历程本质上具有包容性创新的特点，政府在通过创新促进民生改善、农业和农村发展、区域发展、产业发展、中小企业成长以及草根创新方面开展了大量实践活动，这些活动可以追溯到二十世纪七八十年代。从政府对包容性创新的关注度及制定相关政策角度，可以将中国开展包容性创新的实践历程分为三个阶段。

第一阶段：从 1978 年到 20 世纪 90 年代初，中国经济开始复苏，但是国家将主要精力放在基础设施及生产的恢复上，对创新以及包容性创新的关注较为有限。1978 年中国共产党第十一届三中全会提出“将工作重心转移到经济建设上来，实行改革开放”的重大战略方针，全党必须集中主要精力把作为国民经济基础的农业尽快搞上去。经过十余年的发展，中国的经济实现了较快发展，人民生活水平也有所提高，但是整体经济基础仍然较为薄弱。因此，国家将有限的资源用于生产的恢复方面，创新及关注弱势群体的包容性创新尚未成为政府的关注重点。这一阶段，中央及各级政府主要在科技扶贫方面进行了初步探索实践。一方面，将成熟、先进、适用的技术输入到广大农村并开展农民技术培训，提高农民收入；另一方面，也积极培育乡镇企业，开发区域特色产品和产业，发展农村经济。

第二阶段：20 世纪 90 年代至 2002 年，中国 GDP 呈现大幅度增长，国家迎来经济增长高峰的同时也出现了“重效率、轻公平”的倾向。中国经济自 1991 年开始出现回升 ,GDP 增长从 1990 年 3.9% 的波谷上升到 8.0%。1992 年 , 在邓小平南行讲话的激励下，经济增长迅速加快 , 全年 GDP 实际增长达 13.2%。同年召开的中国共产党第十四次全国代表大会，进一步刺激了本已旺盛的投资热情，使次年的经济形势更趋高涨。在经济形势向好的情况下，1993 年召开的中国共产党十四届三中全会在《中共中央关于建立社会主义市场经济体制若干问题的决定》中明确提出“效率优先、兼顾公平”的收入分配制度，这在一定程度上忽视了对弱势群体利益的保障，致使社会贫富差距有所拉大。这一时期，国家将有限的资源和资金分配到重大创新项目上，对民生领域关注较少，但是在推动农业科技成果转化以及支持科技型中小企业方面，仍然进行了相关部署并取得良好成效。

第三阶段：2002 年至今，中国经济进入平稳、快速增长期，多年的财富积累为社会发展奠定了良好的经济基础，中央政府明确将科技创新促进民生发展作为重要战略。2002年，中国共产党十六大报告中第一次将“社会更加和谐”作为重要目标提出。党的十六届四中全会也从构建社会主义和谐社会的高度，提出要“注重社会公平”。《国家中长期科学和技术发展规划纲要（2006—2020年）》将农业、环境、人口健康等与民生科技领域相关的项目作为重点领域及优先主题。2011年颁布的《国家“十二五”科学和技术发展规划》中明确提出，坚持把科技惠及民生作为本质要求，把科技进步和创新与提高人民生活水平和质量、解决人民群众最关心的就业问题、提高全民科学文化素质和健康素质紧密结合，加强先进适用科技成果的推广普及，使科技进步成果能够更多地惠及广大人民群众。在这一背景下，科技部等国家部门也出台了科技惠民计划等一系列促进民生发展的政策，各地方政府也在积极探索，重视发挥科技创新在改善民生中的作用。

# 第二章　社会发展

包容性创新不仅是经济增长的驱动力，也是促进社会发展与社会公平的重要力量。在经济社会转型的巨大压力下，面临着环境污染、资源短缺、气候变化、社会发展不平等等问题的挑战与倒逼，中国政府和科技界日益重视人口、资源、环保等社会领域的科技创新，政府科技工作的重心正逐渐从单纯重视经济发展向经济社会发展并重转移。特别是“十二五”以来，社会发展科技被提上了保障和改善民生的重要位置，科技创新正在进入一个促进经济社会协调发展、促进边缘化群体与欠发达地区共享增长的新阶段。社会发展领域的科技计划项目逐年增加，民生科技经费投入稳步增长，包容性创新环境不断优化，科技与包容性增长结合得更加紧密。

## 一、行动部署框架

经过多年发展，中国社会发展领域的包容性创新已逐渐形成了一套由发展规划、科技计划、专项行动等政策工具构成的包容性创新行动框架。

### （一）编制实施科技发展规划：确定一段时期内国家社会科技发展的基本方向和重大政策

科技发展规划是中国政府推动科技事业发展最重要的政策工具。根据形势发展的需要，为着力解决重大社会发展难点热点问题，中国政府部门制定了《国家中长期科学和技术发展规划纲要（2006—2020 年）》（以下简称《（2006—2020）科技规划纲要》）、《国家“十二五”科学和技术发展规划》《国家公共安全科技发展“十二五”专项规划》《“十二五”国家应对气候变化科技发展专项规划》等科技发展规划，确定了一段时期内国家社会科技发展的基本方向与行动计划。

在《（2006—2020）科技规划纲要》确定的11个优先发展的重点领域中，特别关注了水体污染控制与治理、转基因生物新品种培育、重大新药创制、重大传染病防治等与社会发展密切相关的领域，并进行了重点部署。《国家“十二五”科学和技术发展规划》则专节对“重点解决人民群众最关心的重大民生科技问题，集成适合不同地区不同层次人们需求的民生改善技术解决方案，全面提升科技服务民生的能力”[①]，进行了布局。《国家公共安全科技发展“十二五”专项规划》《“十二五”国家应对气候变化科技发展专项规划》《国家防灾减灾科技发展“十二五”专项规划》等，则是将公共安全、气候治理、防灾减灾、节能减排等确定为包容性创新的优先主题和发展重点，从关系全局的高度进行了具体设计与深化。

### （二）政府科技计划和重大科技工程项目：解决社会发展重大科技问题

目前，中国的科技计划主要由“国家科技重大专项”（简称重大专项）、“国家高技术研究发展计划”（简称“863”计划）、“国家科技支撑计划”、“国家重点基础研究发展计划”（简称“973”计划）四大主体性计划，“国家科技基础条件平台建设”以及一系列政策引导类科技计划和专项计划构成。这些计划所资助的项目不同程度地涉及社会领域的科技发展。

为了加大对重大公益技术及产业共性技术研发的支持，2006年，科技部在原国家科技攻关计划的基础上，设立了国家科技支撑计划（简称支撑计划）。从2008年到2012年间主要年份国家科技支撑计划年度经费的分布来看，能源、资源、环境方面的经费占14% ~ 20%，人口与健康方面占9% ~ 11%，城镇化与城市发展占5% ~ 5.6%，公共安全及其他社会事业占7%~12%，以上4个领域的经费占到总经费的40%以上（表2–1）。

同时，“十二五”期间，在国家实施的民口10个重大科技专项中，社会发展领域有4个，即水体污染控制与治理专项、转基因生物新品种培育专项、重大新药创制专项、艾滋病和病毒性肝炎等重大传染病防治专项等，直接服务于改善民生和生态文明建设。

① 科学技术部 . 国家“十二五”科学和技术发展规划 . 中华人民共和国科学技术部网站，2011年07月04日 .

表 2-1　科技支撑计划历年立项项目及国拨专项经费的总量及分布领域

| 分布领域 | 2008 年 | | 2009 年 | | 2011 年 | | 2012 年 | |
|---|---|---|---|---|---|---|---|---|
| | 数量（项） | 经费（亿元） | 数量（项） | 经费（亿元） | 数量（项） | 经费（亿元） | 数量（项） | 经费（亿元） |
| 总量 | 140 | 50.66 | 111 | 50 | 233 | 143.41 | 391 | 167.23 |
| 能源、资源、环境 | 25% | 20% | 19% | 19% | 15% | 18.4% | 9.4% | 14.1% |
| 人口与健康 | 10% | 9% | 20% | 9% | 8.2% | 9.6% | 11.3% | 10.9% |
| 城镇化与城市发展 | 6% | 5% | 1% | 5% | 5.2% | 5.5% | 6.3% | 5.6% |
| 公共安全及其他社会事业 | 11% | 11% | 10% | 8% | 6.0% | 5.8% | 9.3% | 7.7% |
| 交通运输 | 2% | 6% | 4% | 14% | 4.7% | 9.8% | 2.3% | 4.9% |
| 农业 | 22% | 20% | 26% | 19% | 22.2% | 24.1% | 13.3% | 17.9% |
| 材料、制造、信息、现代服务业 | 23% | 28% | 21% | 25% | 24.5% | 26.8% | 42.2% | 38.9% |

数据来源 :2006—2013 年《国家科技支撑计划年度报告》。

### （三）政策引导类科技计划：引导地方科技发展和民生技术创新

政策引导类计划及专项是国家基本科技计划的重要组成部分，由若干政策导向明确、政策措施可行的政策引导计划（简称引导计划）和行动专项组成，在加强地方科技工作与促进科技成果最大限度地惠及百姓中发挥着重要作用。各类政策引导类科技计划及促进行动，将保障和改善民生放在更加突出的位置，为在利益格局低端的贫困人群提供了共享创新成果的机会，并挖掘了蕴藏在边缘群体、欠发达地区的巨大潜力，促进了包容性增长。

为发挥科技进步在改善民生中的支撑和引领作用，科技部、财政部于 2012 年 6 月启动实施“科技惠民计划”，通过在基层示范应用一批综合集成技术，推动一批先进适用技术成果的推广普及，提升科技促进社会管理创新和服务基层社会建设的能力。“科技惠民计划”优先资助人口健康、生态环境、公共安全、防灾减灾、公共服务等人民群众最关心、最直接、最现实的科技领域。2012年，各级投入科技惠民计划项目经费总额约为10亿元。

### （四）专项科技行动：采取综合性手段有针对性地解决重大现实问题

21世纪以来，中国政府针对中国经济社会发展中的一些重大瓶颈问题，启动了多个专项科技行动。这些行动的实施规模和范围有大有小，但大多采取了综合性的政策措施，涉及科研、技术推广、试点示范等多个环节。如，卫生部2006年开始实施的“2006—2012年全国消除麻疹行动”；科技部、卫生部、国家中医药管理局、国家食品药品监督管理局等14个部门于2008年联合开展“全民健康科技行动”；科技部于2011年发布了《关于加快发展民生科技的意见》，重点“围绕人民群众最关心、最直接、最现实的社会发展重大需求”，部署了“国家民生科技行动”，并组织实施了“全民健康科技工程”“公共安全科技工程”“生态环境科技工程”“防灾减灾科技工程”，重点推进人口健康、公共安全、生态环境、防灾减灾这四个领域的科技创新。

### （五）实验区、示范工程、试点：促进先进适用技术的推广与普及

通过建立试点和实验区、实施示范工程等方式，以提供政府优惠政策、财政项目和人才支持、金融引导资金等组合型政策支持措施为鼓励手段，以点带面地推进先进适用技术的应用，是中国政府常用的政策手段之一。比如影响范围很广的“国家可持续发展实验区”试点工作，实施20多年来，组织实施了数千个科技示范项目或工程，几乎遍及全国所有省、自治区和直辖市。这些项目以应用促进科技创新，以示范促进先进技术推广，有针对性地解决普遍性的重大社会经济问题，被证明是行之有效的方式。

## 二、重点领域突破

中国促进社会发展的包容性创新覆盖面很广，涉及领域众多，涵盖了人口、医药卫生、自然资源的合理利用与保护、生态保护与环境治理、海洋资源开发与保护、自然灾害防御、居住与城乡建设、文体与旅游等众多领域，

产生的一批成果直接服务于生态建设与民生改善，凸显了对建设美丽中国、构建和谐社会的支撑作用。

### （一）资源与环境

资源与环境问题是改革开放以来中国最大的发展瓶颈之一，也是中国包容性创新的关注焦点。面对日益严重的资源压力与环境生态问题，中国在各类科技计划中加强了对生态保护与恢复、水资源合理调配、湖泊污染治理、工业和生活污水处理、污水资源化利用、清洁生产、大气污染防治等方面的科技攻关，攻克了一批重大关键技术。

《（2006—2020）科技规划纲要》把能源、水和矿产资源、环境排在11个重点领域中的前三位，并确定了“工业节能”等16个优先主题，安排了“水体污染控制与治理”等重大专项。

#### 专栏　水体污染控制与治理科技重大专项

水体污染控制与治理科技重大专项（以下简称水专项）是为实现中国经济社会又好又快发展，调整经济结构，转变经济增长方式，缓解中国能源、资源和环境的瓶颈制约，根据《（2006—2020）科技规划纲要》设立的16个重大科技专项之一，旨在为中国水体污染控制与治理提供强有力的科技支撑，为中国“十一五”期间主要污染物排放总量，化学需氧量减少10%的约束性指标的实现提供科技支撑。

水专项将从理论创新、体制创新、机制创新和集成创新出发，立足中国水污染控制和治理关键科技问题的解决与突破，遵循集中力量解决主要矛盾的原则，选择典型流域开展水污染控制与水环境保护的综合示范。针对解决制约中国社会经济发展的重大水污染科技瓶颈问题，重点突破工业污染源控制与治理、农业面源污染控制与治理、城市污水处理与资源化、水体水质净化与生态修复、饮用水安全保障以及水环境监控预警与管理等水污染控制与治理等关键技术和共性技术。将通过湖泊富营养化控制与治理技术综合示范、河流水污染控制综合整治技术示范、城市水污染控制与水环境综合整治技术示范、饮用水安全保障技术综合示范、流域水环境监控预警技术与综合管理示范、水环境管理与政策研究及示范，实现示范区域水环境质量改善和饮用水安全的目标，有效提高中国流域水污染防治和管理技术水平。

水专项将分三个阶段进行组织实施，第一阶段目标主要突破水体“控源减排”关键技术，第二阶段目标主要突破水体“减负修复”关键技术，第三阶段目标主要突破流域水环境“综合调控”成套关键技术。水专项是新中国成立以来投资最大的水污染治理科技项目，总经费概算300多亿元。

科技支撑计划在“十二五”期间对生态保护方面的科技工作进行了重点部署，先后安排了17个有关生态保护的重大和重点项目，涉及典型退化生态系统恢复与重建、重大工程建设区生态保护、生态系统综合评估、城市生态规划与生态建设、生物多样性保护与生物安全等多个方面，总投入经费9.6亿元人民币，增强了生态建设能力，改善了生态环境质量。

为推进生态保护、污染治理、清洁生产，科技惠民计划也实施了一批技术示范工程。其中，河北省迁安市的矿区生态治理与修复技术应用与示范成为推广典型。该项目针对迁安市等北部山区采矿迹地地质灾害隐患大、矿山迹地植被破坏严重和矿区生态环境恶化等民生问题，计划集成示范一批先进的科技成果，建设5个矿山生态治理与修复技术示范基地，治理尾矿库4个，治理排土场2个，治理面积423.1公顷，恢复矿区的植被与生态环境，同时形成一套完整的、行之有效的矿区生态重建机制和模式，复垦农业用地176.6公顷，让科技成果惠及基层百姓，显著改善矿区居民的生产生活条件。

### （二）人口与健康

中国社会科技包容性创新始终坚持把稳定低生育水平、提高人口素质、保障公众健康放在重要位置。《（2006—2020）科技规划纲要》把人口与健康列为重点领域，确定了“城乡社区常见多发病防治”等5个优先主题，并安排了“重大新药创制”“艾滋病和病毒性肝炎等重大传染病防治”两个重大专项进行支持。

其中，“重大新药创制重大专项”的目标是：针对满足人民群众基本用药需求和培育发展医药产业的需要，突破一批药物创制关键技术和生产工艺，研制一批创新药物，改造一批药物大品种，完善新药创制与中药现代化技术平台，建设一批医药产业技术创新战略联盟，基本形成具有中国特色的国家药物创新体系，增强医药企业自主研发能力和产业竞争力。

"艾滋病和病毒性肝炎等重大传染病防治重大专项"的目标是：针对提高人口健康水平和保持社会和谐稳定的重大需求，重点围绕艾滋病、病毒性肝炎、结核病等重大传染病，突破检测诊断、监测预警、疫苗研发和临床救治等关键技术，研制出一批诊断试剂。争取到 2015 年，重大传染病的应急和综合防控能力显著提升，有效降低艾滋病、病毒性肝炎、结核病的新发感染率和病死率。

目前，两个重大专项已经取得了一些突出的成果。资助研制的靶向抗癌新药"盐酸埃克替尼"，疗效好、价格低，让晚期肺癌患者看到了生的希望。自主研发的艾滋病疫苗已于 2012 年进入 II 期临床试验阶段。成功研制出国内首台具有知识产权的 64 排螺旋 CT 机 NeuViz64，标志着国产 CT 机迈入高端行列。突破了液氦零超导磁体等关键技术，研制出国内首台基于自主磁体的 1.5T 超导磁共振成像系统 SuperNova。据估计，这两个重大专项自实施以来，推动中国医药工业实现了 24.6% 的平均年增长率。

中国政府也很重视农村和基层社区卫生适宜技术的研究和推广工作。自 1991 年以来，卫生部已经连续实施了两轮"面向农村和城市社区适宜卫生技术推广十年百项计划"。该计划面向全国各类医疗卫生机构、科研机构、医学院校和科技企业征集卫生适宜技术推广项目（要求申报的技术项目应是先进、成熟、安全有效及经济的，能适合县级以下农村及基层医疗卫生单位使用），卫生部组织专家对推荐项目进行技术评估，从中选出一批项目列入年度推广项目目录进行推广。自实施以来，数百项费用低、效果好、使用方便的适宜技术在农村和社区基层得到有效应用和推广。

### （三）城镇化与城市发展

2013 年末，中国大陆居住在城镇的常住人口已达 7.31 亿人，城镇人口比重已达 53.73%[①]。随着城镇人口的急剧膨胀以及快速的城镇化过程，许多

① 国家统计局 .2013 年中国城镇化率为 53.73%. 中国新闻网，2014 年 03 月 28 日 .

城市出现了住房紧张、社会保障不足、交通拥堵、环境污染等严重的城市病。《（2006—2020）科技规划纲要》首次将“城镇化与城市发展”列为重点领域，并确定了“城镇区域规划与动态监测”等5个优先主题。

近年来，中国政府以规划为纲领，在城市区域规划、城市交通、城市建筑、城市生态居住环境、城市综合管理信息平台等方面组织开展了大量技术示范、试点和推广活动。天津市华明镇的“智慧华明新市镇科技惠民综合示范”列入了2012年科技惠民计划项目；“十城万盏”试点示范工作成效显著，37个试点城市中已有超过600万盏LED灯具（含景观照明）得到应用，年节电约5亿度。在25个城市实施“十城千辆”推广示范工程，带动全国推广运行各类电动汽车2.7万辆；“金太阳”工程支持分布式并网发电应用示范，总装机容量达5.8GW。[①]

中国政府还以技术试点示范、优惠政策鼓励等手段，推行绿色技术和管理模式创新，开发出了夏热冬暖地区居住建筑围护结构节能技术、建筑门窗防沙尘性能监测设备、膜浓缩液絮凝处理和碳固定技术以及室内空气品质预测和评价软件，形成了具有自主知识产权的集二氧化碳检测技术、空气颗粒物检测技术、VOC检测技术等于一体的空气管理器，初步完成了智慧城市管理公共信息平台设计等。与此同时，村镇生活垃圾处置技术取得新进展，家庭生活垃圾减量化技术与设备、村镇生活垃圾处置、生物干化处置和污染物控制集成系统等关键设备研制取得成功。以上各项创新提升了城镇低碳发展与节能减排、新能源与可再生能源利用、社会管理与服务能力与水平。

### （四）防灾减灾与公共安全

中国政府近年来加强了在生产安全、食品安全、社会治安、防灾减灾方面的包容性创新支撑，以提高中国的防灾减灾能力和公共安全水平。《（2006—2020）科技规划纲要》把“公共安全”作为11个重点领域之一，确定了“国家公共安全应急信息平台”“重大生产事故预警与救援”“食品安全与出入境检验检疫”等6个优先主题。2012年，矿井深部开采安全保障技术及装备开发获得了一批具有自主知识产权的关键技术和产品，初步

---

① 中华人民共和国科学技术部．中国科学技术发展报告（2012）．北京：科学技术文献出版社，2014,1.

建立了微震监测及煤与瓦斯突出预测预报技术，研制开发了卸压半煤岩层国产自动化开采成套装备。职业危害预防关键技术及装备研究开发了企业职业危害评价和风险分级软件，建立了防尘防毒呼吸防护用品实验室检测系统，研发出了高效低阻等级化滤材制备工艺与滤材复合型防尘口罩。“瘦肉精”快速检测技术的新突破、高通量电化学微阵列芯片检测试剂盒新产品的推广，将有效建立健全中国基层食品安全“从农田到餐桌”的全程快速监控体系。

为提高应对自然灾害的能力，近年来，中国在气象科技，地质灾害调查、监测与治理，地震的监测、预测、防御技术与紧急救援技术，大江大河治理与防洪减灾等方面都加大了科技投入，组织实施了一系列科技计划重大项目和重点项目，取得了一系列突破性成果。在仿真模拟、地理信息系统、遥感与全球定位系统、计算机网络和数据库、视频监视等方面的工程建设获得重大进展，并形成一系列灾害应急预案。2011 年，国务院办公厅发布《国家综合防灾减灾规划（2011—2015 年）》，围绕着加强自然灾害监测预警、防灾减灾信息管理与服务、自然灾害风险管理、自然灾害工程防御、区域和城乡基层防灾减灾、自然灾害应急处置与恢复重建、防灾减灾科技支撑等方面的能力建设，组织实施全国自然灾害综合风险调查工程等八大重点项目。随着国家防灾减灾规划的实施，中国有望在“十二五”形成高水平的自然灾害监测预警体系，自然灾害工程防御能力和重特大自然灾害应对能力将得到大幅度提高。

# 第三章　农业与农村科技发展

中国是世界上二元结构最为突出的国家之一。近年来，农民人均纯收入和城镇居民可支配收入之比长期在 1 ∶ 3.33 以上，远超出世界银行所提出的平均水平。依靠科技促进贫困地区经济发展，将先进的生产要素引入农村以尽快破解城乡二元结构，是中国包容性创新的重要组成部分。

## 一、科技扶贫

### （一）政策背景

在中国，早期的扶贫工作以救济型的定点扶贫为主。1986 年，科技部作为最早参加定点扶贫的 6 个部委之一，在大别山区开启了向老区输送实用科学技术、帮助老区人民摆脱贫困的先河。这项工作很快扩展到井冈山区和陕北老区（简称“三大片”）。在这些以科学技术进行定点扶贫的经验支持下，科技扶贫工作正式展开。随后，科技部将贵州毕节地区、黔西南州和四川巴中市等部分少数民族地区列为重点，推广在“三大片”取得的科技扶贫经验（简称“三小片”）。之后，科技扶贫作为科技部组织实施的一项在农村进行的重要的反贫困战略举措，成为中国政府扶贫开发战略的重要组成部分。科技扶贫的宗旨是应用先进适用的科学技术改革贫困地区封闭的小农经济模式，提高农民的科学文化素质，提高其资源开发水平和劳动生产率，促进商品经济发展，加快农民脱贫致富的步伐。

### （二）中国科技扶贫的发展历程

中国的科技扶贫始于 20 世纪 80 年代，通过近三十年的发展，科技扶贫工作不断细化与完善。回顾这一历程，中国的科技扶贫大致可分为五个阶段:

**1.第一阶段（1980—1985年）**

农村经济体制改革带来的中国经济迅速发展直接推动了农村扶贫工作的进展，中国也开始了有步骤有计划的扶贫开发探索。在“科技是第一生产力”的指引下，政府也开始探索利用科技要素进行扶贫开发，希望通过让贫困农户掌握一定的科技技能来脱贫致富。这期间最典型的探索就是河北省的山区技术开发。“六五”期间，国家科委、河北省科委组织河北农业大学等科技力量，通过建立山区治理试验区，以技术为先导，综合开发与综合治理相结合，先后对太行山区 10 多个贫困县实施科技开发，五年中以 710 万元投入取得了 2.7 亿元的增产效益，开发区域内人均纯收入由 1981 年的 75 元提高到 1985 年的 300 元。

严格上讲，这一时期以科技为导向的扶贫开发并不是严格意义上的科技扶贫，它多是小范围内的自主探索，是一种较为成功的扶贫模式，但没有形成完整的工作机制，也未进入到国家整体上的扶贫宏观部署中。但这一阶段的科技扶贫开发是对后来的科技扶贫的最早、最有效的探索，开启了科技扶贫工作的大门，具有重要的实践探索意义。

**2.第二阶段（1986—1993年）**

这一时期，中国的扶贫政策发生了重大转变，一方面成立了国务院贫困地区开发领导小组，另一方面制定了专门的扶贫开发政策措施，对传统的救济式扶贫进行彻底改革，确定了开发是扶贫方针。这种转变也对中国的科技扶贫产生了重大的影响。通过对相关资料的分析可以看出，这一时期科技扶贫工作主要呈现出如下特点：

首先，科技扶贫成为国家扶贫开发中的一项重要工作。国务院开发领导小组指出：科学技术进步是经济发展的重要动力，更是贫困地区经济发展的基本要素。对贫困地区的开发建设，要给政策、送信息、送技术，其中最重要的是送技术。科技在扶贫开发中战略地位的提升，直接推动了中国的科技扶贫工作的部署与开展。1986 年，国家科委的《关于开发贫困地区建设的报告》《考察大别山区汇报提纲》两份汇报文件得到了国务院的认可，同时借鉴河北太行山的扶贫开发经验，科技扶贫工作的序幕拉开。同时，科技扶贫工作建立起完备的组织机构，1986 年成立了科技扶贫领导小组，并设立了科技扶贫办公室，负责日常管理工作。各省、市、县成立了相应的机构，并配有专人负责，自上而下地构成了强有力的科技扶贫支撑网络。国家宏观层面对科技扶贫工作进行部署，使得科技扶贫上升为一项国家意志，既体现了国家对科技扶贫工作的重视，又有助于这项工作持续稳定的开展以取得长久成效。

其次，对科技扶贫的理论与方法进行了探讨。之前的科技扶贫主要是对实践探索的总结，没有深入的理论探讨。随着国家对科技扶贫工作的重视，为更好地支撑科技扶贫工作开展，对科技扶贫的理论与方法的探讨也不断深入。这一阶段，国务院扶贫办、国家科委会同湖北、安徽、河南三省召开了三次大别山区经济开发座谈会，结合大别山区科技开发的实践，明确了科技扶贫的指导思想、工作方法与发展目标。1987 年中科院制定了《努鲁儿虎及其毗邻贫困地区科技扶贫总体规划》，成为首个贫困地区的科技扶贫规划，为中央扶贫决策和有关省区编制扶贫长远规划提供了科学依据。1991 年，陕北老区科技扶贫经济开发工作会议召开，制定了“八五”科技扶贫规划和方针政策，这对促进全国贫困地区脱贫致富具有重要的意义。

再次，形成了一批有效的科技扶贫工作举措。一是形成了科技扶贫团的工作形式，深入贫困线参与科技扶贫。科技部从 1986 年开始每年向定点帮扶县选派科技扶贫团（迄今已有 26 届）。中国科协向吕梁地区派遣扶贫团，进行蹲点扶贫。科技部门直接派遣干部到贫困地区进行科技扶持与项目管理，通过智力输入提高贫困地区依靠科技脱贫致富的能力；二是探索建立科技示范项目，通过科技致富示范点、示范户和示范基地，促进科技向贫困地区的扩散，引导贫困地区主动采用科学技术脱贫致富。如安徽省金寨县引进“水稻旱育稀植技术”，并在大别山区六个重点贫困县推广，大幅度提高了单产和山区粮食自给率。中科院实施的“皖西白鹅商品系列开发”项目，三年实现产值 1470 万元，带动了 5.7 万人脱贫；三是依托已有的科技项目向贫困地区倾斜，支援贫困地区的发展。科技部门利用自身的科技优势，结合已有的工作部署，在一些项目中，通过配套减免、增加投入、定点专项等方式，在项目审批、实施上向贫困地区倾斜，与贫困地区建立起长期合作机制，支援贫困地区的经济发展。如科技部依托星火计划、火炬计划、社会发展计划等项目，积极支援贫困地区的发展。中科院结合自身科研能力强的优势，针对定点帮扶地区科技发展瓶颈，开展科研攻关，探寻其最佳发展模式。

最后，科技扶贫开发的范围不断扩大。随着科技扶贫工作的不断深入，科技扶贫的范围也不断扩大。科技部 1986 年在大别山（安徽、河南、湖北三省 20 个国家级贫困县）开始开展科技扶贫，1989 年扩大到井冈山地区（湖南、江西两省 10 个国家级贫困县），1990 年进一步扩展到陕北地区（延安、榆林地区 25 个国家级贫困县）。中国科协从 1986 年开始在山西省临县、吉林省洮安县、山东省沂水县等 15 个贫困县开始科技扶贫试点工作，召开经验交流会，并不断将这些试点县的科技扶贫经验推广到全国。中科院开展以点带面的科技扶贫计划，在努鲁儿虎山区的辽宁省朝阳地区建立了“朝阳县科技扶贫农业高产稳产试验示范站”、在河北省承德地区建立了“燕山东段山区农村综合发展试验示范站”、在内蒙古翁牛特建立了“北方半干旱地区小流域综合开发治理试验站”。这一阶段，科技扶贫工作在全国范围内由点到面迅速铺开，在取得巨大成效的前提下，科技扶贫的影响力不断扩大。

总体上讲，这一时期科技扶贫工作全面展开，由一种典型的扶贫模式迅速转变为一项重要的国家扶贫宏观部署，工作机制也不断完善，为日后的科技扶贫工作奠定了扎实的基础。而从另一个角度来看，这一时期的科技扶贫仍然是一种定向扶贫方式，各科技部门在各自定点帮扶地区开展科技开发工作，以科学技术输入、科技开发为主要形式，科技扶贫的内容主要是以解决贫困地区的温饱问题为核心，科技扶贫的广度与深入有待进一步拓展。

**3.第三阶段（1994—2000年）**

这一时期的科技扶贫工作是以“八七扶贫攻坚计划”为起点和载体的。1994 年公布实施的《八七扶贫攻坚计划》指出：科技部门要制定科技扶贫战略规划，指导和推动扶贫工作转到依靠科学技术和提高农民素质的轨道上来。要增强实施星火计划的力度，动员各方面力量开展多种形式的科技开发和科技服务，认真做好扶贫开发的科学研究和科技示范。在这个扶贫战略指引下，结合前期科技扶贫工作的部署，这一时期科技扶贫工作出现了以下几个方面的新特点：

首先，制定了首个宏观国家层面的科技扶贫总规划，以规划的形式指导科技扶贫工作的稳定持续开展。按照“八七扶贫攻坚计划”的要求，中国科技部（原国家科委）牵头制定了《1996—2000 年全国科技扶贫规划纲要》，这是首个国家宏观层面的科技扶贫总规划，既成为这一时期科技扶贫工作总的政策指导，又为日后以规划形式规范引导科技扶贫建立了良好的开端（之后制定了科技扶贫“十五”“十一五”规划）。围绕这一规划的实施，各科技部门相继出台了《关于落实“国家八七扶贫攻坚计划”进一步搞好科技扶贫工作的意见》《国家科委进一步推动科技扶贫工作的意见》《关于欠发达地区县科委建设的意见》《关于依靠科技进步加速扶贫攻坚进程的意见》《关于印发＜中国科协科技扶贫行动方案＞的通知》《科技扶贫青年知识分子促进行动的纲要》等文件，与《全国科技扶贫规划纲要》共同形成了这一时期科技扶贫的宏观部署。这种规划的形式有利于从整体上、宏观上对全国的科技扶贫工作进行合理部署，有利于统筹配置各部门的科技资源实现成效最优，有利于指导各部门有步骤、有计划地建立科技扶贫工作长效机制。以规划形式指导全国面上的科技扶贫工作，成为这一时期科技扶贫工作的一大亮点，以规划形式部署科技扶贫工作也成为日后科技扶贫工作的重要形式。

其次，科技扶贫重点由针对农户脱贫转向支持贫困地区支柱性产业发展。之前的科技扶贫注重解决贫困地区温饱问题，这一阶段开始注重扶持贫困地区支柱产业的发展，探索贫困地区产业化发展之路，科技扶贫的范围与领域扩展。这一时期，围绕贫困地区支柱性产业的发展，各科技部门开展了两方面的工作：一方面，科技部门牵头召开各地区产业发展研讨会，为贫困地区产业发展出谋划策，并联合科研机构，开展贫困地区产业发展的联合技术攻关；另一方面，以培育区域支柱产业为主线，加强技术、项目集成。这一时期扶贫项目成为拉动贫困地区经济发展的重要抓手，而区域性支柱产业的培育，不是一个项目就能解决的，需要项目的集成和技术的集成。这一阶段，科技扶贫既有围绕产业链延伸的纵向集成，也有围绕科技扶贫项目开展的各部门横向合作。各种技术、项目在贫困地区的集成，既提高了扶贫资源的使用效率与扶贫成效，又强化了贫困地区自我发展能力。

再次，建立起科技扶贫的激励机制。科技扶贫工作要想长久、持久开展，必须建立起科技扶贫的激励机制，通过对科技人员的奖惩激励刺激科技人员积极投身到科技扶贫事业中来。这一时期，科技扶贫探索建立起一套激励机制，鼓励引导科技人员积极参与科技扶贫工作。1994 年设立王义锡扶贫基金，并专设全国性科技扶贫奖励基金鼓励和支持在贫困地区从事科技扶贫有突出贡献的科技人员。1996 年设立“振华科技扶贫奖励基金”，奖励坚持在科技第一线的杰出人员及成功的科技扶贫项目。1998 年，香港亚农基金会出资连续五年奖励在贵州紫云县从事科技扶贫的科技人员。

最后，科技扶贫工作得到了国内外的高度重视。在各部门的共同努力下，科技扶贫工作取得了巨大的经济和社会效益，得到了中央的高度重视。《中共中央国务院关于尽快解决农村贫困人口温饱问题的决定》中明确提出要加大科技扶贫力度。为进一步增强贫困地区反贫困的能力，中国政府专项安排科技扶贫资金，用于优良品种和先进实用技术的引进、试验、示范、推广，以及科技培训等。此外，中国的科技扶贫工作引起了国际社会的广泛关注。

1996 年在中国首次召开的世界科技扶贫领域的国际研讨会上，亚太经社委员会高度赞扬中国的扶贫经验和做法。1997 年联合国开发计划署（UNDP）援建“中国科技扶贫模式示范推广机制与能力建设”项目，按照“公司 + 农户 + 科研机构”和“科研机构 + 小额信贷”两种模式实施项目。与日本 JICA 合作，先后组织五期“日本农协制度运营与管理”培训班；与加拿大科迪国家学院合作，进行四期社会发展同级培训。

这一时期，科技扶贫已不断完善与深化，各项机制也不断健全，工作目标、方向、方式逐步成熟，是科技扶贫工作的重要过渡期。

**4.第四阶段（2001—2010年）**

2001 年中国颁布的《农村扶贫开发纲要（2001—2010 年）》提出，要加大科技扶贫力度，对科技扶贫的形式、激励机制、资金来源进行了部署，成为这一时期科技扶贫工作的纲领性文件。同年发布的《农业科技发展纲要（2001—2010 年）》也指出，集中连片贫困地区农业科技工作要围绕依靠科技脱贫致富为重点，通过人才培养、推广农业适用技术、创办农业科技示范企业和建立农业综合性科技服务体系等措施，提高贫困地区自我发展能力。2007 年中国提出构建农村最低生活保障制度以来，中国的扶贫战略转变为社会保障扶贫与开发性扶贫相结合，科技扶贫将更加侧重于开发性扶贫，创业式扶贫也成为一种崭新的科技扶贫形式。在这样的大背景下，这一时期的科技扶贫更加成熟与完善，各项工作机制不断健全，科技扶贫的重要性显著提升，成为中国扶贫事业中的一面旗帜。这一时期的科技扶贫主要呈现出以下新的特点：

第一，科技扶贫的运行保障机制更加完善。一是以科技扶贫规划统领面上的工作部署，宏观上指导一定时期内的科技扶贫工作。先后出台了《十五科技扶贫发展纲要》《十一五科技扶贫发展纲要》等规划文件，工作的持续性、前瞻性进一步加强。各贫困地区也在中央政策的指导下相继出台了当地的科技扶贫政策，为贫困地区依靠科技进步开展扶贫开发起到了积极的引导作用。二是形成了较为丰富的科技扶贫工作举措。除了继续实施前期形成的有效科技扶贫项目外，这一时期又探索实施了一批科技扶贫新举措，构成了科技扶贫工作的重要抓手。科技部实施了贫困乡村科技扶贫示范行动、科技型特色产业促进行动、科技信息扶贫行动、科技致富行动、科技培训和科技普及行动；地方基层科技部门探讨出的“科技特派员”“专家大院”等农村科技服务模式也在科技扶贫工作中被不断推广；在贫困地区推动了星火培训、绿色证书、农业科技跨越计划培训、农民技术培训等工程，提升贫困地区农户自我发展能力。三是形成了多元化的投入机制。这一时期，科技扶贫的投入管理机制不断完善，形成了“政府引导支持，地方集成支持，部门协同支持，承担单位配套，社会资金参与”的运行机制，实现了技术与资本的融合。对有条件的科技扶贫项目进行市场化运作，通过金融机构进行融资，以市场为导向提高科技扶贫项目的成效。此外，民主党派、社会团体、国外组织机构、企业等也积极参与科技扶贫工作，形成一个合力扶贫的局面。

第二，科技扶贫开始通过市场化运作来提高工作成效。之前的科技扶贫主要是以政府来主导，依靠行政手段来推动，虽有着执行强、推行快的优势，但也面临着投入高、成效低的问题。随着市场经济的深入，科技扶贫也开始探索市场化运作，通过市场配置扶贫资源，依靠经济实体来运作科技扶贫项目，以提高扶贫工作成效。较为典型的探索就是农业产业化经营，通过公司+农户的形式，依靠龙头企业的发展，带动贫困地区农户的增收。此外，贫困地区通过科技特派员创业行动，依托贫困地区的特色产业，与农民形成“风险共担、利益共享”的经济共同体，走市场化发展之路，使得科技扶贫项目效益最大化，保障了项目持续稳定的运行。

第三，科技扶贫的范围进一步拓展。除了稳定实施原有的科技扶贫项目外，这一时期新探索实施了一批更有效的科技扶贫工作形式。一是开始构建贫困地区的科技社会化服务体系。之前的科技扶贫注重于扶贫项目本身，对科技扶贫的环境建设重视不足。随着科技扶贫工作的深入推进，科技扶贫项目对科技发展环境建设的要求越来越高。基于此，科技扶贫工作也开始探讨构建贫困地区的科技社会化服务体系，通过创新贫困地区科技发展环境，大力发展科技服务中介，健全农村科技服务体系。如“中国信息通讯技术扶贫能力建设”项目，缩小了成效数字鸿沟，拓展了农民增收致富的空间。科技部开通的“星火科技 12396”服务，使得贫困地区农户可以得到专业的农业科技咨询与服务。宁夏建立的农村信息服务站，使贫困地区农户可以享受到现代信息技术带来的方便与快捷。二是更加注重科技扶贫的示范推广。科技扶贫的一个目标就是通过科学技术的扩散带动贫困地区产业发展，通过示范推广是一种既省时省力又高效快捷的途径。这一时期，科技扶贫的示范推广进一步加强。一方面，配合国家扶贫战略中的整村推进工作，开展科技扶贫乡村示范行动，建立科技扶贫示范村，进行技术成果示范，推广先进农村实用技术，形成科技扶贫以点带面的格局；另一方面，依托科技扶贫团、科技特派员等工作形式，将先进技术引入贫困地区，以科技扶贫项目加快科技成果的转化应用，带动贫困地区的产业发展。三是注重民生科技在扶贫中的功效。这一时期，科技扶贫的项目进一步拓展到民生科技领域，科技部门与其他职能部门在科技扶贫项目中合作，共同开展民生科技方面的扶贫工作。如将“金太阳示范工程”引入贫困地区，并逐步扩大贫困地区的覆盖范围，改善了偏远山区的生活条件。在贫困地区推广国家人口健康科学数据共享平台，促进贫困地区临床远程诊断，提高农村医疗卫生救治能力。利用先进技术成果开展清洁用水工程、环境整治工程，改善贫困地区的生存环境。推广普及先进环保技术和生态治理技术，提升贫困地区可持续发展能力等。四是更加重视科普培训工作，提升贫困地区农户自我发展能力。如湖北开展的“农村实用人才培养示范基地”，采用远程教育培训、现场培训、课堂培训、上门培训、交流培训等多种形式培养在家务农的农民，提高当地农民的科技文化素养。陕西省针对16~18岁回村务农的年轻农民开展“绿色合格证书”工程，五年时间培训8000名初中学生。科技部开展的“科技扶贫远程课堂”，对20多个国定贫困县开展专题培训，促进贫困地区人才队伍建设。

第四，形成了一批有效的科技扶贫工作模式。这一时期，各地的科技扶贫工作力度增强，探索出一批重要的科技扶贫工作模式。如在实践中形成了“突破发展瓶颈，组装配套技术，专家示范带动，培养乡土人才，制定技术标准，坚持常抓不懈”为主要内容的科技扶持支柱产业模式；通过实施信息通信技术扶贫能力建设项目的科技信息扶贫模式；为贫困农户提供金融服务的同时，提供科技服务的科技服务性小额信贷模式；通过科技示范园建设发挥区域特色经济优势的科技致富综合示范模式等。

最后，科技扶贫合作进一步加强。科技扶贫涉及众多部门，开展部门间的协作至关重要。一方面，各部门以科技合作为切入点，共同探讨科技扶贫工作的形式。如科技部、国家扶贫办、中国科学院、中国科协、农业部等部门协作，每年召开“科技扶贫研讨会”，强化对全国科技扶贫工作的指导。举办科技扶贫研讨班，指导地方科技部门开展科技扶贫工作。开展科技“手拉手”行动，建立起贫困地区与发达地区的合作机制。另一方面，科技扶贫合作进一步拓宽。2001年科技部与联合国计划署开展了“中国信息通讯技术扶贫能力建设”，通过在贫困农村示范推广可行的信息通信技术进行扶贫开发。从2006年开始，科技部、商务部、联合国计划开发署（UNDP）合作启动“中国农村科技扶贫创新与长效机制探索”项目，通过创新与完善科技特派员制度，进一步探讨政府推动和社会力量之间的有效结合、科技人员更高效地服务于三农的问题。

总之，这一时期的科技扶贫处在一个蓬勃发展时期，各项工作机制不断完善，工作举措不断成熟。随着科技在促进经济社会发展中的地位不断凸显，科技扶贫的重要性持续增强，其也将成为一项战略部署长期存在于中国的扶贫开发工作中。

**5.第五阶段（2011年至今）**

2011 年，中央召开了高规格的扶贫开发工作会议，全面部署了《中国农村扶贫开发纲要（2011—2020 年）》贯彻落实工作，中国的扶贫工作也发生了巨大的调整。一方面，扶贫标准的提升，贫困人口增加到 1.28 亿，贫困的覆盖面扩大，扶贫任务加剧。另一方面，首次提出了“11+3”的片区扶贫模式，片区成为新时期扶贫的主战场。这其中提出要进一步实行科技扶贫工作，从扶持特色产业、科技示范、科技服务体系建设等角度对科技扶贫工作进行了部署。在这个大背景下，科技扶贫工作也进行了相应的调整，科技扶贫的重点从以解决温饱为主要任务的开发式扶贫，升级为以巩固温饱成果、加快脱贫致富、改善生态环境、提高发展能力、缩小发展差距为主要任务的创业式扶贫。

这一时期，除了继续实施原有的成熟科技扶贫举措外，主要是探索以推进连片特困地区开发的新举措，推进科技创业式扶贫新模式。首先，围绕扶贫政策的调整，各地制定了相应的科技扶贫规划，对未来的科技扶贫工作进行全面的部署。江西省制定了全省的《科技十二五规划》，井冈山市在科技扶贫团的指导下也制定了《井冈山区科技扶贫十二五规划》，中国科协指导吕梁市《2011 年科技扶贫计划》，这些科技规划的制定实施对新时期科技扶贫工作是一种探讨。其次，提出了科技创业式扶贫的新模式。未来的科技扶贫将主要瞄准有劳动能力的贫困人群，加强对他们的能力培养，提高其增收致富能力，将是科技扶贫的重要方式。科技部倡导实施了农村科技创业行动，在贫困地区以农业科技创业基地为依托，鼓励科技特派员进入产业链各个环节，带领贫困地区农户围绕区域优势特色产业开展创新创业。2011 年，井冈山实施科技扶贫项目——金葡萄示范园，在科技特派员的引导带动下，示范园从 240 亩扩大到 1240 亩，带动 30 多名农户，实现产值 1300 万元。最后，探讨建立联合扶贫的新形式。科技扶贫一直倡导合力扶贫理念，片区扶贫的复杂性更是决定了其应该加强扶贫合作。如科技部与铁道部开展秦巴山片区的扶贫工作，借助双方的资源将科技扶贫工作在整个秦巴山区展开，目前这项工作仍在深入探讨。

整体上讲，现阶段的科技扶贫工作围绕国家扶贫战略的调整，处在一个调整变革时期，科技扶贫工作既要沿袭之前形成的较为完善的运行机制与工作流程，又要创新发展适应时代需要。

### （三）中国科技扶贫的成效

科技扶贫开展近三十年来，以科技示范、科技培训、科技服务为切入点，通过多种有效的科技扶贫举措，加快了贫困地区脱贫致富的步伐，提高了贫困地区自我积累、自我发展的能力，为实现贫困地区的历史性进步做出了重要的贡献。实践证明，科技扶贫是贫困地区摆脱贫困的重要途径和不懈动力。总结其成效，主要表现在以下几个方面：

**1.建立起完善的工作机制，成为国家宏观扶贫战略的重要组成部分**

科技扶贫工作开展早、行动快，发展过程中根据国家扶贫战略的演进，不断调整科技扶贫工作的目标、方式、工作部署，逐步建立起较为完善的工作机制，成为国家宏观扶贫战略的重要组成部分。20 世纪 80 年代中期，中国开始实施开发式扶贫，科技部门根据前期科技开发贫困地区的成功经验，倡导实施了科技扶贫工作，并迅速形成了具体的工作部署。“八七扶贫攻坚计划”中，明确提出了要进一步实施科技扶贫工作，科技扶贫被赋予了更高的使命。通过面上的科技扶贫规划指导、扶持贫困地区主导产业的发展、建立科技扶贫工作长效机制、开展广泛的科技扶贫合作，科技扶贫为完成“国家八七扶贫攻坚计划”任务做出了巨大的贡献，得到中央、各级政府、贫困地区干部群众的赞扬，成为扶贫开发中的一面旗帜。进入 21 世纪以来，科技扶贫一方面对积累下的有效工作形式进行规范完善，并深入推进建立起长效运行机制；另一方面，配合国家扶贫开发的整村推进项目，实施了“科技示范乡村”“科技富民强县”等工作，为贫困地区的社会主义新农村建设做出了重要贡献。目前，科技扶贫围绕片区扶贫的新要求，正努力探讨科技扶贫新的工作形式，而根据扶贫瞄准对象的转变，提出了科技创新创业式扶贫的工作模式。整体上说，科技扶贫从 1986 年被明确提出实施，一直围绕国家扶贫战略进行工作部署，科技扶贫的广度与深度不断扩展，工作机制不断完善，在行业扶贫中有着显著的成效，成为国家宏观扶贫战略的重要组成部分。

**2.推广先进适用技术，培育贫困地区经济增长点**

科技扶贫致力于推广先进适用技术，将科学知识、科学方法、科学技术送到贫困地区，依靠科技战胜贫困。首先，科技扶贫工作以投资少、见效快、收益面大的种养业为主攻方向，依靠农业科技进步推动农业发展。这种方式为解决贫困地区农户温饱问题发挥了重大功效。通过普及科学技术知识，引入和大规模推广先进适用技术，开展技术示范和培训农村技术骨干，增强了贫困地区农业综合生产力，提高了粮食产量和农民收入。其次，围绕贫困地区特色资源，通过召开贫困地区特色产业发展研讨会、集中科技力量解决产业发展中的共性关键技术难题、开展贫困地区产业发展科技示范园区建设、加强集成创新支持贫困地区产业链式发展、为贫困地区特色产业发展搭建交流合作平台等方式，引导培育区域支柱产业和地区经济增长点。如科技扶贫工作中，围绕陕西佳县红枣产业发展，组织领导干部和技术人员到陕西学习红枣矮化密植技术，建立60亩矮化密植示范园，选点改造低产枣园1000亩，辐射带动改造10000亩，新建优质红枣苗圃5亩，新建12座红枣烤炉，解决红枣烘干问题，支持民营红枣加工企业技术改革，增加了原枣分级、清洗、灭菌、低温加工等设施，提高红枣附加值，延长红枣产业链。最后，搭建技术贸易平台，帮助贫困地区引进技术与人才。如科技部与江西省人民政府举办井冈山科技项目对接洽谈会，实现科技、投资和人才的对接，为大专院校、科研院所、企业等社会各界支持贫困地区搭建了良好的平台。科技扶贫团帮助湖北英山县引进臭氧保险技术，解决了当地猕猴桃产业发展的关键问题。这种内引外联的科技扶贫机制，既推广了先进适用技术，促进了贫困地区产业发展，又拓宽了科技扶贫的工作形式，探索了市场经济条件下的科技扶贫新模式。

**3.构建贫困地区的科技服务体系，推动了贫困地区的创新发展**

科技扶贫项目在促进贫困地区的发展中发挥着重要的作用，而一个项目取得成效、持续发展则取决于地区科技服务体系的支撑。科技扶贫中已由原来重视科技项目的实施转变为重视项目的成效与发展，探索建立起贫困地区的科技服务体系，创新贫困地区的科技发展环境，为科技扶贫项目提供服务支撑，并促进贫困地区科技发展的能力建设。特别是近十年的科技扶贫工作中，构建贫困地区的科技服务体系成为工作重点。主要表现为：

首先，健全了贫困地区的公益性科技推广服务。各地根据支柱产业的发展，政府组织各部门围绕产业发展中的共性技术难题，开展技术攻关，为贫困地区农户生产提供公益性科技服务。罗田县组织省内外专家实施了“降低板栗空苞率技术研究”“板栗增雌减雄技术研究”“板栗丰产科技示范”等20多项科技攻关、示范项目，推广应用了30多项丰产技术，促进了当地板栗产业的发展，当地农民收入的一半来自于板栗；通过科技特派员、科技扶贫团等有效的工作机制，为贫困地区送入先进适用技术，帮助其健全提升基础公益性科技机构能力；科技扶贫中注重可持续发展能力的培养，为贫困地区生态、经济的循环发展提供技术支撑。如湖北英山东河冲村在科技扶贫的带动下，大力发展高效绿色产业，形成“茶叶为支柱、板栗为主体、果药为补充”的产业格局和“山顶松杉盖帽、中部板栗缠腰、山下茶桃相映、房前屋后药果满园”的生态格局。

其次，开展多种形式的农村科技服务。一是注重农村信息化建设，开展信息扶贫，缩短城乡信息差距。通过“星火科技30分”电视节目，向贫困地区传播农村先进适用技术。开展“科技扶贫远程课堂”，对贫困地区开展科普专题培训。科技部在科技扶贫中加大对定点县农村信息化建设力度，开展了农技110、基层科技信息服务站、远程培训中心示范站等工作，有效缩短了城乡数字鸿沟，拓宽了农民增收致富的空间。二是帮助贫困地区开展内引外联，搭建技术贸易对接平台，开展科技“手拉手”，建立起贫困地区与发达地区的合作机制。如科技部与江西省政府举办“江西井冈山科技项目对接洽谈会”，为其提供先进成熟技术。湖北省英山县、光山县围绕支柱产业每年召开产业节，为当地支柱产业外拓市场、内兴产业、提升品牌做出了贡献。三是推动科技服务中介的发展，创新科技扶贫的工作环境。在陕西佳县的红枣产业发展中，科技部门协助当地政府成立红枣产业协会，帮助其筹备申请“泥河沟千年枣园世界农业文化遗产”，开展产学研合作，进行红枣的保鲜和精深加工试验，协助企业申报QS标示和有机产品认证。四是推动科技与金融等现代生产要素的融合。

最后，支持贫困地区农民组织的发展，走现代农业之路。农民组织在现代农业发展中发挥着重要的作用，贫困地区也不例外。科技扶贫支持贫困地区农民组织的发展，有助于解决千家万户小生产与千变万化大市场这一深层矛盾。如内蒙古科右中旗成立了奶牛协会，并制定了协会章程，聘请了畜牧兽医、草原等方面的专业技术人员担任顾问。奶牛协会经常组织一些专业人员进行专题讲座，深入养殖户进行咨询和指导，及时解决饲养中遇到的一些困难和问题，受到广大养殖户的热烈欢迎。湖北省英山县2004年由科技特派员创立了中药材种植协会，2008 年在此基础上又成立了中药材农民专业合作社，合作社成员有 2000 多户药农。2009 年收购农户药材价值 800 万元，为农户创造了可观的经济效益。此外，吉林省扶余县的优质水稻协会、波尔山羊协会也是典型例子。据统计，全国农民专业合作组织由 2001 年的 115.75 个 / 省增加到 495.8 个 / 省，农村专业技术协会由 2001 年的 97 个 / 省增加到 2008 年的 261.6 个 / 省，农村中介机构由 2001 年的 80.25 个 / 省增加到 359.75 个 / 省。

**4.科技扶贫为促进贫困地区农业和农村的可持续发展提供了有力的支撑**

贫困地区生态环境脆弱，在扶贫开发中必须重视经济社会的可持续发展问题。科技扶贫在工作部署中，引导贫困地区制定长远、科学的扶贫规划，将近期脱贫与未来发展结合，实施可持续发展战略，在生态保护的前提下进行扶贫开发。一方面，开展贫困地区经济社会可持续发展的专项科研课题，探寻贫困山区科技扶贫的有效模式；另一方面，在科技扶贫工作中，注重对贫困地区可持续发展的引导与支持。通过科技攻关，对节能技术、清洁能源技术、生态治理技术等关键环保技术进行研究与示范，用先进技术支撑贫困地区的可持续发展。通过科普培训、信息化建设，提高贫困地区干部群众的环境保护、可持续发展意识。通过科技扶贫示范区建设，树立贫困地区资源环境保护与产业开发的综合协调推进的典范，引导贫困地区走可持续发展之路。在这些工作的推动下，科技扶贫为促进贫困地区农业和农村的可持续发展提供了有力的支撑。

**5.实施科技培训与科学普及行动，提高贫困地区干部群众文化素质与农户自我发展能力**

扶贫先扶智，贫困地区干群素质的提高对推动科技扶贫工作具有重要的作用。加强贫困地区的科技培训与科普教育一直都是科技扶贫工作中的主要内容。由最初的适用技术培训、农业专业科技人员教育到农民职业培训、农民人才队伍建设，从传统的面对面培训到信息化网络教育，从农村科技带头人培训到专门的农村人力资源开发，科技扶贫中科技培训工作形式不断变化，内容不断扩展，成效越来越显著，科技扶贫使广大干部群众的科技意识普遍增强，促进贫困地区农民思想观念、价值取向和生活方式发生了深刻变化。

具体来看，首先，自上而下的推进科技普及，通过科技下乡，缩短科技推广的城乡差距。科技部开展“振兴农村，服务三农，科技列车”活动，先后到达井冈山、大别山区，在河南、江西、湖北等地区的贫困山区进行科技宣传和普及活动，开展实用技术专题咨询、农业实用技术讲座、卫生医疗义诊及医务人员培训、现代农业科技知识和医疗学术专题报告会。2007 年开通“科技扶贫远程培训课堂”，每月一期，每期两天，重点围绕基础科技创业、日常健康保健、医务人员知识更新等开展培训。2008 年，科技部开通“星火科技 12396”，对贫困地区农户的生产提供服务与咨询，便于农户获取专家指导。

其次，开展实用技术培训，提高农民科学文化素质，增强贫困地区农户自我发展能力。近些年，各地依托科技扶贫项目，通过建立科技培训星火学校、广播、电视、报纸杂志、网络远程教育等方式，加强对广大农民群众的科技培训，帮助农民掌握适用生产技术，提高了贫困地区农民群众的自我发展能力。统计显示，贫困地区农村劳动力平均受教育年限由 2001 年的 7 年增加到 2008 年的 8.8 年，平均接受培训时间由 2001 年的 21 天增加到 2008 年的 35.4 天，平均接受培训次数由 2001 年的 15.4 次增加到 2008 年的 28.5 次。

最后，围绕新农村建设和现代农业发展开展有针对性的科技培训，注重科技领头人在科技扶贫开发中的带动作用。在科技扶贫中，对基层干部、科技人员、农民企业家和科技示范户进行有针对性的强化培训，大力培养和扶持各类乡土人才，使他们起到科技“种子”作用、扶贫“星火”作用，带领贫困地区的农户共同脱贫致富。将科技培训与基层干部培训、绿色证书工程、青年星火带头人、巾帼科技致富工程、青年志愿活动等有机结合起来，为贫困地区培养了大量骨干人才。据不完全统计，贫困地区参与科技扶贫的科技人员由 2001 年的 3525 人 / 省增加到 2008 年的 6470.2 人 / 省，科技特派员数量由 2001 年的 35.75 人 / 省增加到 2008 年的 281.8 人 / 省，县级和村级农村信息服务站数量由 2001 年的 414.75 个 / 省增加到 2008 年的 1612.8 个 / 省，引进科技人才数量由 2001 年的 414.75 个 / 省增加到 2008 年的 1202.2 人 / 省。

## 二、科技特派员

### （一）政策背景

科技特派员制度是一项发起于民间、实践于民间的政策制度。20 世纪 90 年代的福建省南平市，农林经济长久以来较为发达。但随着市场经济体制的推进，农产品市场开始由卖方市场转向买方市场，农产品质量低、品质差的缺点开始显现，农林产品销售遇到严重困难，农民收入迅速下滑。1998 年，南平市农民收入的增长速度为 0.2%, 有的地方甚至是负增长，严重打击了农民的生产积极性，也阻碍了农村经济的发展[①]。为了解决农业发展难题，1999 年福建省南平市党委和政府在科技干部交流制度上开始了一项创新与实践，从农民群众最需要的科技服务入手，将大批科技素质较高的人才下派到农村生产实践第一线，与农民群众结成利益共同体，为农民提供包括示范、培训、咨询在内的科技服务，在生产实践中逐步形成了一个以高等院校和科研院所为依托，以科技特派员和产业带头人为主体，以大量乡土人才和广大农民群众为基础，适应市场经济要求的新型科技服务网络。

试点以来，南平市先后从市、县、乡科技部门选派了数千名科技特派员进驻 1000 多个村，为解决南平市的“三农”问题做出了巨大贡献。根据南平市统计，有科技特派员下派的村农业结构效益和经济运行质量明显优于其他地方，有科技特派员下派的村粮食作物与经济作物的比例已调整到 15∶85，特色种植业和养殖业在农业中的比例分别增加了 52.2% 和 75.1%，农业结构调整步伐显著快于非下派村。另据南平市的测算，有科技特派员下派的村科技进步的贡献率已由 40% 提高到 50%，农产品销售难的问题得到缓解。销售率由下派前的 50% 提高到 2001 年的 70%，家庭经营每百元投入产出的纯收入由 405 元增加到 467 元。同时，有科技特派员下派的村农民收入增长速度明显快于非下派村，下派村农民人均纯收入 2706 元，增长了 10.27%，大大高于全市 5.9% 的平均增速。2002 年全市农民人均现金收入增幅达到 8%，比全省高 4 个百分点，有科技特派员的村农民收入平均增长 11.5%，有的高达 20%[②]。这些增长的绩效不能说全部来源于科技特派员制度，但毫无疑问的是这一制度发挥了关键性作用。

南平市的实践引起了国家科技部的注意和重视，科技部对南平市的做法给予了充分肯定，陆续在部分地区展开试点，目前全国大部分省市开展了科技特派员工作。2002 年，科技部决定在西部地区开展科技特派员制度试点工作。在几年的实践基础上，科技部和人事部联合发文，决定从 2005 年开始在全国推广这项制度。截至 2006 年底，科技特派员制度已在全国 27 个省（市、

① 孔祥智，李圣军．科技特派员：产生背景、运行特征和对策建议：以福建省南平市案例为例．新疆农垦经济，2008（5）:16.

② 王飞飞．科技特派员运行机制研究．中国农业科学院硕士论文．

自治区）的593个县市实施，其中部分地方已取得了较显著成效。

### （二）政策发展

十多年来，科技特派员制度在中国的发展日益完善，科技特派员的推广工作遍布全国。从东部到西部，从沿海到全国，从较早试点的南平、宁夏到新近发展的浙江、广东，各地因地制宜探索了各种类型的工作模式，充分显示了科技特派员制度强劲的生命力，及其对破解“三农”难题的特殊作用。

具体来看，中国科技特派员制度发展大致经历了四个阶段：

**1. 初期探索阶段：2002—2003年**

2002年5月，在南平经验参考下，科技部决定率先在西北三个省、两个自治区进行科技特派员制度试点。为更好地管理科技特派员工作，科技部成立了科技特派员试点工作办公室。

这一阶段，第二批全国科技特派员试点地区获得批复。除已开展试点工作的福建省、青海省、甘肃省、宁夏回族自治区、新疆维吾尔自治区以外，又有包括东、中、西部地区在内的十余个省、自治区、直辖市纷纷致函致电科技部咨询有关情况，积极申请将其列为全国科技特派员试点地区。根据各地报送的有关材料和进展情况，科技部科技特派员试点工作办公室召开会议进行了认真研究，相继批复了内蒙古、陕西、新疆生产建设兵团、重庆、四川、贵州、云南、江西、湖北等作为第二批全国科技特派员试点地区。

这一阶段，科技特派员试点地区已经开始注重金融手段在推动科技特派员工作过程中的重要作用。2003年1月科技部与中国人民银行在宁夏联合召开科技特派员制度和农村信用社服务创新座谈会。陕西、甘肃、青海、宁夏、新疆五省（自治区）科技、人民银行和农村信用社系统的70多名代表参加了会议。会议指出，科技是解决“三农”问题的催化剂，金融是实施科技第一生产力的助推器。科技事业离不开金融的支持，金融的发展也需要和科技的结合，二者是相辅相成的。科技特派员制度和农村金融服务创新结合要因地制宜，因时制宜，讲求实效。既要加大对科技特派员创业项目的信贷支持力度，又要树立诚信原则，加强金融风险防范，为农村信用社大胆进行资本运作，有效发放贷款铺平道路。农村信用社要进一步更新经营理念，积极配合科技特派员创业行动，抓住支农重点，大力挖掘创新服务领域，不断扩大和延伸为“三农”金融服务的范围和深度。在市场经济条件下，农村信用社也面临着金融服务风险问题，而科技特派员制度恰好为信用社服务提供了一个创新、降低风险的平台。因此，科技特派员制度和农村信用社服务创新结合势在必行，十分必要。

这一阶段，各地充分总结试点工作经验，为科技特派员工作在全国范围内的广泛推行做好了充分的准备工作。2003 年 10 月底，全国科技特派员试点工作经验交流会在北京召开。来自中央和国务院有关部委、科技特派员试点省（区、市）、全国各省科技厅（委、局）的代表及专家学者共 130 余人出席了会议。大会总结和交流了科技特派员试点工作的经验，深入研讨了科技特派员制度的理论，为开拓科技特派员试点的新局面起到了积极的作用。

**2. 扩大试点阶段：2004—2007年**

科技特派员工作从农业技术服务全面转向带领农民开展科技创业，科技特派员基层创业行动逐步展开，科技特派员试点地区不断扩大，科技特派员人数逐年增加。

科技特派员基层创业行动正式启动。2004 年，科技部、人事部总结了福建南平的科技特派员经验和宁夏的农村科技创业模式，出台了《关于开展科技特派员基层创业行动试点工作的若干意见》。此后科技特派员基层创业行动逐步展开，试点省区鼓励并保护科技特派员以多种方式与农民结成利益共同体，规定科技人员下派后，与农民双向选择，原有一切待遇保留，考核、提拔优先，项目倾斜支持。这激发了科技人员和农民创业的积极性。在科技特派员创业活动的示范带动下，农业种子协会、种养殖协会、农产品销售协会、农业金融协会等新型农业经济组织蓬勃发展，顺利搭建起了农民与市场之间的桥梁。

这一阶段，科技特派员的规模与覆盖面大幅度增加。试点地区由西北迅速扩展到西南、中部、东部，呈现出良好发展态势。截至 2006 年底，全国科技特派员试点已扩大到 24 个省（区、市）的 593 个县，部分省份已在全省范围内全面推动科技特派员工作，取得了显著的社会效益和经济效益。2006 年 7 月，科技部组织召开“全国科技特派员试点工作会议”，据统计[①]，2005 年各试点地区共选派科技特派员 23115 人，引进新品种 11885 个，推广新技术、新产品 12109 个；实施科技开发项目 7435 个，项目年新增投资 55.57 亿元，实现年利润 30.03 亿元；科技特派员试点地区的农民人均收

① 数据来源：科技部网站，http://www.most.gov.cn/ncs/ncsgzdt/200701/t20070111_53767.htm.

入增幅平均超过 15%，安置农村劳动力、大中专毕业生、复转军人 296 万余人，积极引导和帮助广大农民依靠科技增收致富，促进了农村富余劳动力的转移。到 2007 年，试点工作覆盖了全国 31 个省的近 1040 个县，科技特派员人数增加至 5.7 万，大约 4 万个村的 1400 多万农民能享受到科技特派服务。

**3. 创新发展阶段：2009—2011年**

政府部门高度重视科技特派员农村创业行动，科技特派员农村科技创业行动协调指导小组成立。2009 年，为共同推动科技特派员农村科技创业行动，充分发挥科技特派员工作在推进城乡统筹发展中的重要作用，加快社会主义新农村建设，5 月 18 日，科技部、人力资源社会保障部、农业部、教育部、中宣部、国家林业局、共青团中央、中国银监会联合发文（国科发农〔2009〕224 号），成立科技特派员农村科技创业行动协调指导小组。2009 年，科技部等八部委在认真总结了宁夏等地区的科技特派员基层创业实践基础上，出台了《关于深入开展科技特派员农村科技创业行动的意见》，启动了科技特派员农村科技创业行动，并明确提出双重任务，一是在农业产业发展上，鼓励科技特派员整合各类资源去创业，二是建立和完善农村社会化科技服务体系来支持创业，推动了科技特派员农村科技创业行动在全国的深入开展。

科技特派员工作与供销系统实现对接，科技特派员工作的协调能力进一步加强。2012 年，中华全国供销合作总社成为科技特派员农村科技创业行动协调指导小组成员单位，科技特派员工作的部门协调能力得到进一步加强。供销总社、科技部联合印发了《关于开展农村流通领域科技特派员创业行动的意见》，提出了目标任务和保障措施，正式启动专项行动；下发了《关于确定农村流通领域科技特派员和法人科技特派员的通知》，在供销系统开展了科技特派员和服务中心认定工作；两部门联合到浙江、江苏等地方开展调研，召开专题座谈会，推动有关地方科技和供销部门对接，优势互补，先行先试。

法人科技特派员作为一种新模式在各地推广并发展。法人科技特派员是将具有法人资格，从事农业科研、技术推广、特色产业开发及农副产品加工流通的企事业法人整体列为科技特派员的一种模式。法人科特派能够充分利用科研单位及企业法人的人才、项目、成果等优势，引领和支撑区域高效生态农业发展和新农村建设，促进当地社会、环境和经济的可持续发展，实现科技特派员制度的提升与完善。

科技特派员工作与农村信息化建设有效结合。随着中国农村信息化建设的不断完善，科技特派员工作过程中开始注意与信息化手段的有效融合。不少地区扩大创业领域，把科技特派员创业机制引入信息员队伍建设工作中，将行政村信息点的信息员全部转变成信息科技特派员。信息科技特派员在开展公益服务的同时，通过自办、联办农产品和农资经营网点，在网上发布生产、经营供求信息，逐渐形成自主经营、自负盈亏、服务“三农”的信息化农资经营点和农产品供求网络，自我发展，自我供养，减轻财政负担，保证信息点长期正常运行。

科技特派员创业行动由农业领域向工业领域、由农村向城市不断延伸。以宁夏为例，宁夏聘请来自区内外高校和科研机构的106名企业科技特派员，派往宁夏97家涉及能源、煤化工、装备制造、农副产品加工等中小型企业，开展创新创业服务工作。科技人员深入企业开展创业活动，有利于科技人员的科研工作由高校、科研机构进入企业，让科技成果尽快转化为现实生产力，并为创新体系建设探索出新的载体和模式。

**4. 制度化发展阶段：2012年至今**

这一阶段，中国科技特派员队伍结构趋于合理，科技特派员创业与服务并重。据统计，来自事业单位的科技特派员占44.82%，企业科技特派员占16.13%，大学生科技特派员占9.28%，乡土人才科技特派员占16.22%。从事有偿服务的科技特派员比例为44.01%，其中，技术入股型、技术承包型、实体创业型和其他利益共同体类型各占7.64%、7.20%、9.27%和19.91%[①]。

科技特派员工作大力推进“一链”“一站”“两基地”建设。依托星火计划累计投入财政资金2亿元，鼓励地方以法人科技特派员为实施主体，围绕特色产业链申报科技特派员创业链建设项目，组织实施了129个产业链项目，重点推进了73条科技特派员创业链建设；引导各地方推进科特派服务站建设，推动以现代农业龙头企业为中心，农民专业组织为依托，科技特派员服务站为中介服务的社会化创业服务体系建设。按照“121”工程总体部署，推进国家农业科技园区科技特派员创业基地建设；依托认定的6个科技特派员培训基地，开展创业培训，提升科技特派员创业服务能力。发挥高校优势，在新农村发展研究院建设科特派培训学院。

科技特派员国际合作正式启动，科特派走出去步伐不断加快。2012年5月，中国与埃塞俄比亚成为首批试点合作国家，共同签署了“关于探索

---

① 十年耕耘，同一个梦想．搜狐网．http://roll.sohu.com/20130516/n376047387.shtml.

开展科技特派员国际合作新机制的合作框架的协议”。开展中埃国际现代化农业科技园区建设，并以园区为平台，共同开展科技特派员国际合作。

科技特派员制度化步伐加快，科技特派员工作面临新挑战。2012 年、2013 年科技特派员工作连续两年写入中央一号文件，2014 年中央一号文件首次明确提出了“推行科技特派员制度”。制度化发展路径给科技特派员创业行动提出了新的要求，一方面科技特派员创业服务要按照主体多元化、服务专业化、运行市场化的要求，大力推进农村科技创新创业；另一方面，科技特派员工作要以国际科技特派员为战略制高点，以新农村发展研究院为龙头，科技特派员队伍为主力军，以国家农村信息化示范省为载体，完善新型农业社会化科技服务体系。与此同时，随着科技特派员规模的不断扩大，科技特派员工作的制度化管理体系应进一步完善，使其为促进农业产业化、农民职业化和农村新型城镇化发展进一步做出贡献。

### （三）成效

截至 2013 年 9 月底，中国已有近 70 万名科技特派员活跃在农村基层、农业一线，围绕当地产业和科技需求，与农民建立“风险共担、利益共享”的利益共同体，开展创业和服务。其中法人科技特派员 3.8 万个；科技特派员共形成利益共同体 5 万多个，创办企业 15000 多家，其中龙头企业 4700 多家；实施科技开发项目 4.5 万项，创业获利 400 多亿元；组建各种专业协会和经济合作组织 3.5 万家，发展会员 460.9 万人；认定第二批国家级科技特派员创业链 113 个，创业基地 115 个，创业培训基地 81 个；引进推广新技术 6.1 万项，推广新品种 6.8 万个；组建科技特派员培训基地 9373 个，创建科技创业服务信息平台 8124 个，成果展示交流平台 1907 个，科特派服务站 1.6 万个，辐射带动超过 6000 万农民科技致富。这些科技特派员是职业化农民的先驱，是现代农业的创业者。

构筑了以科技特派员为支撑的新型农村科技服务体系。近年来，各地涌现了科技特派员、专家大院、科技示范园区、农技 110 信息服务、科技专业合作组织等多种新型农村科技服务模式，由于服务主体、形式、机制等各有不同，形成了多元化格局。科技特派员开展创业服务，肩负“特殊的使命”，采取“特殊的政策、特殊的工作方式”，收到“特殊的效果”，具有“特殊的地位”。这不仅是农村科技推广体系的有力补充，而且是一只活力强大的新生力量。如果说现行农业科技推广网络是集团军，那么科技特派员既是一支科技推广服务的常规军，也是一支科技创业创新的特种部队，还是能打硬仗、攻难关的先锋队，更是能机动灵活、进村入户的小分队。

创造了适合农村发展特点的新型科技服务模式。科技特派员制度创新使科技、资金、人才、信息等与农业、农民、农村实现了零距离接触。科技特派员通过资金入股、技术参股、技术承包等方式，与所在地区农民、专业大户、龙头企业结成利益共同体；通过“科技特派员 + 农户”“科技特派员 + 企业 + 农户”“科技特派员 + 基地 + 农户”“科技特派员 + 协会 + 基地 + 农户”“创业型科技特派员”“复合型科技特派员”“法人科技特派员”“集体创业型大学生科技特派员”等途径，创造了科技中介服务型、技术资金入股型、企业有偿聘用型、独资创办科技实体型、科技项目有偿承包型等各具特色的服务模式。

创新了农村科技创业服务机制。科技特派员制度创新形成了稳定的扶持科技人员创业服务的政策体系，形成“政府推动与市场驱动相结合、利益共享与风险共担相结合、激励与约束相结合”的工作机制。科技特派员带着项目、科技、资金下乡，给农民带来了实实在在的、看得见的利益，在为社会做贡献的同时，实现了自身的价值。有的科技特派员作风务实，无私奉献，感动了农民，赢得了信任，期满时群众舍不得他们走，一些地方出现“争抢”科技特派员的情景。科技特派员制度搭建了政府及科技部门与农民之间的桥梁，不仅促进了科技工作重心下移，实现了科技要素向农村聚集，推进了农业科技成果转化应用，而且树立了党和政府的良好形象，促进了党群关系和干群关系的改善。

促进了地方经济和特色经济的发展。科技特派员深入农村生产第一线，组织实施具有区域特色和产业优势的农业产业化项目，培育了一批新型农业产业化龙头企业，建立了一大批示范户、示范村、示范园区，促进了新技术、新产品的推广应用，加速了科技成果的转化，增加了试点地区农民收入，为农业和农村经济发展做出了重要贡献。

提高了农民科技素质和增收致富的能力。科技特派员围绕农民和当地产业发展需求，利用现场培训、技术示范、课堂教学等多种形式，向农民、农村技术员传授科技知识和农业生产技术，为提高农村劳动者整体素质，增强农民依靠科技脱贫致富的能力，把农村巨大的人口压力转化为人力资源优势做出了积极贡献。

# 第四章　区域发展

随着中国经济的高速增长，区域经济差异日益突出，而这正是中国政府全面建设小康社会进程中最不容忽视的影响因素。改革开放以来，区域科技工作立足各地区经济社会发展特点和实际需求，着力统筹布局地区科技资源，加大对西部落后地区的支持力度，全面推进科技援疆、科技援藏等民族地区的科技发展。

## 一、科技援藏

### （一）政策背景

为改善西藏地区的经济发展状况和藏民的生活水平，对口援藏工作自1973年正式启动。自1973年起中央安排了8个省市卫生援藏，1976后又在教育、农机、干部方面实施援藏。随后，国务院相继召开了5次全国西藏工作座谈会，安排和动员全国对口支援西藏。1980年第一次全国西藏工作座谈会上中央确定浙江、上海、天津等东部3省市以及四川省重点对口支援西藏。1984年第二次座谈会上提出“国家直接投资项目、中央政府财政补贴、全国人民对口支援西藏”的方针，将支援省增加为9个，同时，为庆祝西藏自治区成立20周年，确定43项援藏工程项目，投资额4.88亿元[①]。1994年第三次座谈会决定继续扩大援藏规模，安排15个省市对口支援西藏7个地市的44个县，为期10年，并提出了“分片负责，定期轮换”的新管理办法。同时，为庆祝西藏建区30周年，由中央13个部委、全国29个省市自治区、6个计划单列市为西藏兴建农牧水利、能源交通、工矿电信、文化、教育、

① 余翔．对口支援少数民族地区的政策变迁与发展前瞻．华北电力大学学报（社会科学版）,2013（6）:68–73.

卫生、城市建设等62项工程，总投资44.5亿元。2001年第四次座谈会决定新增3个省和15家国有重要骨干企业承担对口支援任务，将西藏尚未与内地建立对口支援关系的30个县区全部纳入支援范围，将对口援藏工作在原定10年的基础上再延长10年，同时，为庆祝西藏和平解放50周年，由15个对口支援省市、未承担对口支援任务的12省市及5个计划单列市为西藏建设70个项目，总投资10.6亿元。2010年第五次座谈会提出，将对口支援西藏政策延长到2020年，增加对青海藏区的对口支援，建立援藏资金稳定增长机制，支援省年度援藏投资实物量按该省上年度地方财政一般预算收入的0.1%，并提出经济支援、干部支援、人才支援、教育支援、科技支援、企业支援相结合。

与此同时，科技援藏工作稳步进行。由于西藏在中国科技发展中处于特殊而重要的地位，不可或缺，依靠科技进步促进西藏的发展和建设是科技界的重要任务和义不容辞的责任。科技援藏政策开始于1995年。1995年8月，国家科委向全国各省、市、区、计划单列市科委发出了《关于认真做好科技援藏的通知》，动员全国各省、市、区、计划单列市科委对口支援西藏各地市科委。同时，国家科委在计划、资金、项目等方面，对西藏加大倾斜力度。自此之后，科技援藏工作成为中国科技系统的一项重要工作任务，紧紧围绕西藏经济社会发展的迫切需求，不断创新科技援藏形式，深化科技援藏内容，从人才、技术、资金和设备等方面支援西藏科技发展，有力促进了西藏经济社会的发展。

### （二）政策发展

1995年8月，国家科委向全国各省、市、区、计划单列市科委发出了《关于认真做好科技援藏的通知》，动员全国各省、市、区、计划单列市科委对口支援西藏各地市科委。1996年1月，国家科委再次向全国各省、市、区、计划单列市科委发出了《关于进一步落实科技援藏项目的通知》，并论证筛选了有关西藏的80个项目，根据项目内容和对口支援关系，分配到各省市科委承担。

1996年8月，国家科委在拉萨组织召开了全国科技援藏工作座谈会，有30个省、市、自治区和4个计划单列市科委领导出席了会议，会上签订了52个科技援藏项目合同。通过这次会议，进一步加大了全国科技援藏力度，极大地推动了西藏科技事业的向前发展。到1998年底，科技援藏项目达到133个，项目总经费达2864.88元，为西藏经济社会发展起到了积极的带动作用。

科技部自1996年启动科技援藏工作之后，又召开两次全国科技援藏工作座谈会和一次全国科技援藏工作经验交流会。

2005年，国家科技部召开了第二次全国科技工作会议，出台了科技援藏的8条措施，明确了科技援藏的工作要点，初步建立了科技援藏工作的长效机制，组织了全国援助科技项目69个，安排援藏科技资金4300万多元，加大了援藏的工作力度。

2005年7月，科技部召开了第二次全国科技援藏工作座谈会，印发了《关于进一步加强科技援藏工作的若干意见》，对科技援藏工作进行了全面部署。各省市科技部门积极响应，认真落实。据初步统计，第二次科技援藏会议后，各省市科技部门与西藏共签订了69个援藏项目，协议资金4345.54万元，目前90%的项目和资金已经落实。“十五”期间，仅科技部在相关科技计划中支持西藏的科技投入已达1.3亿元（其中包括国际科技合作经费200万欧元）。国家“十一五”科技计划安排在西藏实施的科技项目经费目前已达8000多万元①。

2007年6月召开的全国科技援藏工作经验交流座谈会，总结了援藏工作经验和工作成绩，明确了“十一五”期间全国科技系统支援西藏的重点任务。“十一五”计划安排在西藏实施的国家科技项目经费投入在当时已达8000多万元。会上西藏6个地市与全国有关省市科技单位签订了41个援助协议，协议资金2000万元②。

2009年8月，科技部和西藏自治区人民政府在拉萨共同组织召开了第三次全国科技援藏工作座谈会，面对科技援藏工作面临的新形势，部署了下一阶段的工作任务。有关省区市、企业与西藏相关单位签订了48项科技援藏项目协议，落实援助资金2760万元。上海、天津及西藏等地科技部门代表，以及中国农科院、中国石油天然气股份公司、西北农林科技大学、东北农业大学等科研院所、高校、企业代表进行了典型经验交流。

---

① 吴忠泽同志在科技援藏工作经验交流座谈会上的讲话．科技部网站．http://www.most.gov.cn/fggw/zfwj/zfwj2007/200711/t20071108_57068.htm.

② 我国科技援藏工作取得巨大成就．中国民族宗教网．http://www.mzb.com.cn/html/Home/report/26872-1.htm.

### （三）成效

近几年来，科技援藏工作在西藏自治区党委和政府的正确领导下，在全国科技系统的广泛参与下，通过西藏各方面科技人员的共同努力，科技援藏工作取得了显著成效。主要表现在以下四个方面：

**1.农牧民增收致富的能力显著提高**

西藏农牧民占全区总人口的80%以上，农牧业总产值约占工农业总产值的80%以上，由于历史与地域的客观原因，农牧民人均纯收入与全国平均水平仍有相当大的差距，农牧民生活生产条件还很艰苦。应用先进的科技成果为农牧民服务，使科学技术惠及基层，一直是科技援藏的重中之重。据初步统计，落实的援藏项目中，面向农牧民生产和培训的项目占80%以上，在农牧民增收致富中发挥了重要的示范和带动作用。如辽宁省援助那曲开展的“青稞新品种示范推广”，使当地的青稞产量由原来平均80公斤/亩提升到240公斤/亩左右；广东省援助林芝地区实施的“天麻人工驯化种植”，其产品已达到野生天麻的标准；天津市援助昌都地区实施的“蔬菜新品种引筛及栽培技术研究”项目，改变了当地传统的种植习惯，平均每亩增加收益3848.5元；陕西省援助阿里的“札达县林果科技示范园建设项目”，使阿里地区农牧民也吃到了自己种植的西瓜，仅此一项每年每户纯收入达5000多元；南京市援助墨竹工卡县实施的“小油菜种子繁育及产业化”项目，辐射带动周边人均纯收入增加350.4元；还有黑龙江省援助实施的牧草种植、山西省援助实施的优质荞麦系列产品深加工等项目，都为实现当地农牧民由贫困向小康的跨越式发展奠定了科技基础。

同时，各地注重结合项目的实施对农牧民进行技术培训和实地指导。据初步统计，两年来共通过各种途径培训农牧民2万余人次，大大增加了农牧民科学致富的能力和素质。

**2.西藏地区的优势特色产业得到进一步发展**

科技援藏的关键在于培育西藏地区的优势特色和新兴产业，实现以产业促发展。科技援藏工作紧紧围绕西藏现代农牧业发展、藏医藏药、生物资源开发、矿产资源、新能源及旅游等重点特色产业，突破产业发展的技术瓶颈，不断提升相关产业的发展能力。

一是针对藏医药的发展需求，提升了藏医藏药的研发和创新能力。为加强藏医药研究的基础能力，科技部支持西藏藏医学院牵头建设“藏医药技术平台”，实施了藏医药信息化建设和传统藏药质量标准研究等项目。北京市援助实施的“特色藏药材保护与规范规模化种植基地建设”项目，重点对大黄、红景天、藏柴胡、云木香等高原特产药材进行种质资源调查，建设种质资源基地，建立了主要品种的GAP规范，保证了藏药材的“真实、优质、稳定、可控”，促进藏药材的有效保护和充分利用。通过各方面的大力支持和自治区科研单位、企业的不懈努力，目前已挖掘整理出了260多个藏药秘方，有3个藏药品种正在申报国家药品准字号；开展了69个藏药材品种的人工种植试验，并正在修订57个藏药材地方标准；创造出了一批如“甘露”“诺迪康”“奇正”等藏药知名品牌。

二是围绕高原特色生物产业技术开发，壮大了产业发展规模。各地科技部门充分利用各自的技术及人才优势，与西藏相关科研单位通力合作，在高原特色生物资源研究开发方面取得重要进展，开发出红景天系列产品、野桃汁饮品、藏蛤蚧补酒、袋泡酥油茶等高原生物产品，推动了西藏特色高原生物产业的快速发展。

三是努力改善农牧民生产生活条件，大力发展新能源产业。科技部近年来陆续支持实施了阿里地区光明工程、西部新能源行动，支持了可再生能源产业、推广太阳能蓄水技术等项目，取得了良好效果。重庆市在昌都建设了两座10kW微型水力发电站，结束了农牧民群众祖祖辈辈靠酥油、煤油、松油照明的历史。由河北保定天威英利和西藏有关单位首期投资2000万元共建的西藏天威英利新能源有限公司，建设了太阳能光伏组件、太阳能蓄电池、太阳灶等生产线。

**3.西藏生态环境和资源保护得到关键技术支撑**

西藏是中国乃至世界生态环境最后的一块“净土”。保护好西藏资源和生态环境，不但是确保西藏长治久安的关键，也是关系到中华民族生存和发展的命脉。突出西藏环境和生态建设科技需求，是近年来科技援藏的一个新的特点和亮点。结合西藏生态建设需求，科技部在国家科技支撑计划中安排了“高寒干旱退化生态系统恢复重建技术研究与示范”课题，已支持经费600万元；为更好地保护西藏文化遗产，安排了“以布达拉宫为代表的高原古建筑火灾安全技术研究”课题；为保障青藏铁路运营安全，安排了“青藏铁路运营安全保障系统研究”项目，国家支持科技经费2000万元。

在科技援藏项目的筛选中，各地也始终把生态效益放在优先地位，把资源开发和保护、产业发展和生态建设有机结合起来。福建省组织科技人员研制出固体保水袋和节水种植营养包，提高了造林成活率和保存率。日喀则地区在上海市科委支持下实施的沼气项目，目前已覆盖了 120 个村、4579 户，使农牧民用上了安全、清洁能源。浙江省从德国引进 630 型水锤泵，利用水流自然落差产生的势能，在不用任何常规能源的情况下，解决了偏远牧区人畜饮水难的问题。

**4.科技工作基础能力得到了显著提升**

西藏由于地理和历史等相关原因，交通不便、信息闭塞。科技基础条件差，严重制约了先进、实用技术信息的传播和人才队伍的培育。通过搭建产业技术信息共享平台、举办各类研讨会、开展科技特派员制度试点、邀请专家考察指导、建立培训中心、鼓励西藏区内外的人才交流与合作等方式，为西藏科技自身能力建设创造了条件。

一是科技信息服务能力得以迅速改善。北京市支持筹建了“拉萨市信息网络中心”，建成了全市八县区科技系统广域网。针对西藏地广人稀的区情，福建省 2005 年支持林芝地区的 450 兆赫 CDMA 直放站项目，可在各种复杂条件下使用，有助于实现“村村通”。广西壮族自治区的“西藏科技星火网络建设”（汉文和藏文版）援藏项目，使广大农村企业和农牧民能够及时得到所需求的市场、科技、政策等信息。科技部通过国家基础条件平台建设安排了“西藏农牧科技信息服务系统建设”项目，开通了西藏农牧科技信息服务网，实现了市场、基地、专家信息的无障碍交流。

二是基层科技部门基础设施得到较大改观。各地在援藏工作中特别注重西藏基层市县科技局的基础设施建设和办公条件改善。拉萨市科技局在北京市、江苏省等帮助下新建了办公楼、科技综合培训楼、生产力促进中心培训楼、科技交流中心综合培训楼等设施；墨竹工卡县在南京市的帮助下建设了第一个县级科技培训中心；林芝地区科技培训中心在福建、广东省的帮助下已建成投入使用，添置了科普宣传车和电脑。

三是促进了科技人才队伍建设。通过选派当地技术、管理骨干到北京、辽宁、浙江、江苏、广东等发达地区进行专业培训，拉近其与内地科技管理干部、技术人员的差距，提高了管理水平。上海市 2015 年 5 月邀请 20 名日喀则地区管理干部到上海举办了为期 20 天的“提高自主创新能力，建设创新型国家”专题培训班。各援助单位还利用各种机会支援西藏兄弟单位走出国门，如北京市科委支持了拉萨市科技局的干部出国考察，使当地科技干部开阔了视野，更新了观念，增长了能力。

## 二、科技援疆

### （一）政策背景

中国的援疆工作是为缓解东西部地区经济发展不均衡，推动偏远民族地区经济社会发展，实现民族平等、团结和共同繁荣而实施的一项政策。对口援疆工作可以追溯到从20世纪50年代。当时，中央就从内地省份动员干部、转业军人补充到新疆生产建设兵团戍边，并要求豫、鄂、京、沪、津等地安排农民、知青10余万人到新疆垦荒。1996年3月，中央做出“培养和调配一大批热爱新疆，能够坚持党的基本理论、基本路线和基本方针，正确执行党的民族宗教政策的汉族干部去新疆工作”的决策。京、苏等省市、中直机关、国家部委派出援疆干部到新疆7个地州和17个区直单位工作，初步确定了广东与哈密，北京、浙江与和田，山东与疏勒，上海与阿克苏，江苏与伊犁，天津与喀什的支援结对。2004年中央提出“稳疆兴疆、富民固边”战略。2005年中央确定“以干部支援为龙头，实行经济、科技、文化全方位支援”的目标，将南疆四地州和新疆生产建设兵团3个南疆师纳入对口支援。2010年和2011年先后召开了新疆工作座谈会和两次全国对口支援新疆工作会议，确定了新一轮对口支援新疆的方案。将支援省市由14个增加到19个，受援方扩大到新疆12地州82个县市以及兵团12个师。中央要求从2010年开始实施人才、技术、管理、资金全方位援疆，支援省每年拿出财政收入的千分之三到千分之六用于对口支援，重点是民生支援，用5年时间完成对口支援规划的重点任务，用10年时间确保新疆达到小康目标。

科技援疆政策作为对口援疆的重要组成部分，在援疆工作的整体部署中发挥了重要的支撑和引领作用。2000年，全国科技界拉开了科技援疆工作序幕。特别是近几年来，科技界认真贯彻落实中央“稳疆兴疆、富民固边”的战略决策，积极行动，扎实工作，初步形成了全国科技系统协力支援新疆发展的良好局面。

## （二）政策发展

近年来，科技界认真贯彻落实党中央、国务院关于支持新疆发展的总体部署和具体要求，积极为新疆的发展和建设做贡献。特别是2007年科技支疆行动启动以来，各部门、各地方高度重视、认真部署、积极行动，引导和支持大学、科研院所、企业与新疆开展多种形式的合作和对口支援。

**1.科技部出台多项政策，不断加大对新疆的支持力度**

长期以来，科技部一直把科技援疆作为一项重要工作，按照党中央、国务院的总体部署，2007年3月同新疆维吾尔自治区和生产建设兵团建立了部区会商制度，为贯彻落实国务院《关于进一步促进新疆经济社会发展的若干意见》，启动了全国科技支疆行动，出台了《关于推进科技支疆工作的意见》，动员全国科技力量积极为新疆的发展与稳定做贡献，使科技更好地惠及新疆各族群众。目前，已组织召开了两次科技支疆会议，促进了科技援疆工作的深入发展。同时不断加大对新疆的支持力度，“十一五”以来（2006—2009年），新疆（含兵团）所属单位共承担国家各类科技计划项目（课题）1000余个，安排经费9亿多元，是“十五”期间经费总和的2.3倍，其中兵团承担项目（课题）238个，安排经费1.7亿元。支持新疆建设省部共建国家重点实验室培育基地5个，国家工程技术研究中心5个，国家级高新技术产业化基地11个，国家农业科技园区2个。2000年以来，通过科技援疆共支持新疆开展科技合作项目938项，投资总额170多亿元。

2007年11月20日，科技部会同新疆维吾尔自治区人民政府、新疆生产建设兵团在北京共同启动了“全国科技支疆行动”，以加强科技进步对新疆经济社会又好又快发展的支撑和引领，推动区域协调发展。

2008年2月，科技部印发了《关于推进科技支疆工作的意见》（国科发计〔2008〕46号），要求以党中央、国务院有关“稳疆兴疆，富民固边”、支持新疆又好又快发展的一系列重要指示为指导，探索科技支疆和东中西科技合作的新机制、科技推动区域经济社会协调发展的新模式，加强各类科技资源、科技成果与新疆经济社会发展的对接，充分发挥人才等智力资源的重要作用，动员全国科技力量积极为新疆的发展与稳定做贡献，使科技更好地惠及新疆各族群众。

为贯彻落实国务院《关于进一步促进新疆经济社会发展的若干意见》（国发〔2007〕32号）和国家科技部《关于推进科技支疆工作的意见》（国科

发计〔2008〕46号）精神，新疆维吾尔自治区人民政府制订了《新疆维吾尔自治区关于鼓励开展全国科技支疆行动的若干规定》（新政发〔2008〕50号），提出了设立科技支疆专项资金，优先支持科技支疆合作项目，支持中央和全国省区市的科研机构、高等院校、企业开展科技支疆工作的二十条优惠政策，鼓励新疆各有关单位积极开展科技支疆工作。

2008年8月底，“科技支疆工作会议暨天山创新论坛”在乌鲁木齐召开。会议以“创新驱动新疆科学发展”为主题，全面总结了全国科技支疆工作情况，对通过科技支疆提高新疆创新能力、促进新疆经济社会发展进行了研讨，部署了下一阶段的工作任务，要求全国科技力量以高度的热情和务实的作风，把科技支疆工作推上新台阶。

2010年3月底，中央在北京召开“全国对口支援新疆工作会议”，会议对进一步加强和推进对口支援新疆工作进行动员部署。会上印发了《关于进一步加强和推进对口支援新疆工作的实施方案》。2010年4月19日以来，自治区科技厅分十个小组前往19个省市进行了对接洽谈。2010年5月17日至19日，中共中央、国务院在北京召开了新疆工作座谈会。2010年5月28日，国家科技部党组研究，成立了“科技援疆领导小组”。2010年6月1日，国家科技部召开“对口支援新疆科技工作座谈会”，并启动“全国科技援疆总体规划（2011—2020年）”制定工作。2010年6月4日，国家科技部会同国家教育部、中国科学院、中国工程院、国家自然科学基金委员会、中国科协召开科技援疆工作座谈会。

从项目、人才、基地、国际科技合作等各方面继续大力支持新疆科技发展，据不完全统计，2013年国家科技计划支持新疆项目近300余项，支持经费近4亿元，较上年有较大幅度增长。积极落实《全国科技援疆规划（2011—2020年）》，全面提升新疆的科技创新能力。

**2.科技系统充分发挥部门优势，合力推进科技援疆工作**

各相关部门都积极响应中央号召，发挥部门优势，加强分工协作，将科技援疆纳入部门总体工作中，统筹部署，形成合力。有关部委也积极开展科技援疆工作，从项目扶持、人才培养、战略咨询等方面对新疆进行支持。

教育部积极推进新疆高校学科和创新能力建设，先后支持新疆建立了5个重点实验室、4个工程研究中心，近五年支持新疆高校实施的科研项目数量超过各省市的平均水平，同时组织内地高校采取多种方式同新疆开展了科研开发和人才培养等方面的广泛合作。与著名高校建立人才和科技支疆战略合作框架，建立人才合作机制和开展人才培养。2009 年 3 月，自治区人民政府同清华大学共同举办了“发展战略合作和科学发展论坛”，双方决定开展为期 5 年的新一轮全面战略合作，签署了《新疆维吾尔自治区科技厅、清华大学科研院科技合作协议》，共同举办了科技合作项目对接会，为新疆同著名高校开展科技合作开创了新的合作模式。

中国科学院与新疆维吾尔自治区人民政府和生产建设兵团分别建立了高层领导定期会商机制，启动了中科院系统科技支新工程，创建了院地合作机制。2007 年以来，中国科学院与新疆维吾尔自治区人民政府已成功举办了 3 次“中国科学院—新疆维吾尔自治区科技合作座谈会”。成立了由区院双方领导和有关部门组成的科技合作协调领导小组，设立专项资金并组织实施了“全球气候变化的新疆区域响应及其应对技术措施相关研究”“煤制合成天然气技术攻关”“新疆绿洲新农村建设关键技术集成与示范”等一系列国家重大科研项目。2010 年，中国科学院启动了面向新疆生产建设兵团的“科技支新”工作。中科院“西部之光”计划在新疆投入经费 450 万元。资助在职博士 98 人，其中少数民族 11 人。“基于 3S 技术的新疆水利工程沙漠选线系统研究”“水力排沙法”“新疆棉花高产水肥调控与效应研究”“新疆药用植物有效成分的提取应用及结构改造研究”“热释电材料的研究与开发”等一批项目的实施，为新疆经济建设和区域发展发挥了重要作用。

中国工程院充分发挥院士的战略咨询作用，组织开展了有关新疆水资源、能源基地建设、深部找矿等方面的咨询论证，为新疆资源开发和环境保护纳入中央决策发挥了积极作用。国家自然科学基金委员会加强了对新疆基础研究领域人才培养工作，2000—2009 年资助新疆基础研究经费 21 亿元，支持新疆设立的地区科学研究基金占总资金的 18%。中国科协在新疆开展了一系列重大科普活动，通过实施科普惠农兴村计划等，加大新疆科普能力建设，面向新疆广大农村大力开展科普活动，2006 以来已落实奖补资金 3000 多万元。

**3.加强东中西协调对接，积极动员各方面力量开展科技援疆**

各省市科技系统认真落实国家的战略部署，积极行动，发挥各自优势，通过多种形式，加大科技援疆力度，引导本地的科研院所、高校和企业与新疆开展产学研合作开发和先进实用技术的推广应用。东部十省市科技主管部门与新疆科技厅和生产建设兵团科技局建立了“10+2”的科技合作联席会议制度，定期就科技合作模式、重点领域等进行协商沟通，不断拓展科技合作领域和范围。在新疆同东部十省市科技合作联席会议的指导下，完善了双方的科技合作进程、科技合作机制和科技合作内容。上海、广东、江苏、江西、四川、湖南等省市在科技计划中设立了科技支疆专项。西部省市区科技部门也与新疆建立了科技合作关系。各省市科技系统发挥本地研发等优势，积极引导本地的科研院所、高校和企业与新疆开展产学研合作，推动先进实用技术向新疆的转移，为新疆特色产业发展和民生改善提供了重要支撑。高等学校在科技援疆中发挥了重要作用。

### （三）成效

围绕新疆科技进步、经济社会发展和民生改善的实际需求，各部门、各地方不断加大援助力度，积极落实重点任务，组织实施重大项目，促进了科技成果转化和先进实用技术推广，为新疆的经济社会发展及科技自主创新能力的提升做出了积极贡献。据不完全统计，2000—2010 年，新疆共开展科技合作项目 938 项，投资总额 170.22 亿元[①]。科技援疆在加快新疆科技事业发展的同时促进了新疆发展观念的变化，加速了科技成果的转化和产业化，培育形成了一批优势和新兴产业，有力地促进了新疆经济社会又好又快的发展。主要成效有以下几个方面：

**1.支持农牧业科技创新，新疆现代农牧业发展迅速**

围绕粮食、棉花、林果、畜牧“四大基地”建设，集中实施了一批科技合作项目，大大加快了新疆现代农牧业发展步伐，促进了农牧民致富增收。如棉花科技攻关项目为国家优质商品棉基地建设提供了科技的支撑，为新疆棉花生产连续十多年保持七项“全国第一”做出了直接贡献。冻精配种、胚胎移植等先进技术使新疆奶牛改良周期缩短 3/4，胚胎产量占全国 60%，技术服务拓展到 20 多个省区。科技攻关大幅度提升了新疆细羊毛品质，拉动全国细羊毛价格上涨 30% 以上。天津市与新疆合作研发的彩色 CCD 多功能色选机，使吐鲁番地区葡萄干品位明显提升，销售价格增长 50% 以上。目前，新疆的啤酒花、枸杞、葡萄、香梨、苹果、杏、石榴、核桃、红枣等特色产业不断发展壮大，享誉国内外。

---

① 新疆维吾尔自治区科技厅 . 全国科技援疆工作回顾 .2010 年 8 月 19 日 . http://wenku.baidu.com/link?url=m6LT-YFJcIj6CwS6Hy9tHklKBSlL3gCkwxp9XL8QetGGCZ8t0g3So-3hK6eUywvatelfDnT9Pt9E-4rSId9eQ2FFTA0hhmUmboctqqHKSWO.

**2.加快科技成果转化，促进新疆优势资源转换和战略性新兴产业发展**

在国家科技计划的持续支持和新疆地方科技力量的共同努力下，新疆在矿产资源勘探开发、风能利用、新材料、生物制药、煤与石油化工等领域取得了一系列重要的科技成果，促进了新疆优势资源的转化，带动形成一批具有新疆特色的产品和产业，造就了一批如“特变电工”“金风科技”“众和铝业”“中发化工”等国内外知名创新型企业。围绕加快新型工业化进程，着力开展高新技术研发及产业化工作，推动石油石化、煤电煤化工、矿产加工、钢铁、轻工、纺织、装备制造等传统产业优化升级，加快培育和发展新能源、新材料、电子信息、生物医药等战略性新兴产业。

**3.发展民生科技，支撑新疆民生改善和生态环境整治**

围绕新疆生态环境、医药卫生、防灾减灾等重要的民生问题实施的一大批合作项目，取得了明显成效。如“973”项目“中国西部干旱区生态环境演变与调控研究”，在荒漠化治理的理论上取得突破，成果直接服务于新疆北水南调防护体系建设工程和塔里木河流域近期综合治理工程；历时 14 年完成的“塔里木沙漠公路防护生态工程建设研究”，成就了世界第一条穿越流动沙漠的“绿色长廊”，使长度为 436 公里的塔克拉玛干沙漠公路成为南疆地区的大动脉；通过开展“乌鲁木齐居民慢性肾脏病及干预措施研究”，有力地减少了当地居民慢性肾脏病的发生。

**4.科技基础条件不断改善，新疆自主创新能力显著增强**

在全国科技力量的支持下，新疆科研基础条件不断改善，研发能力明显提高，科技人才综合素质显著增强。

研发实力不断增强。2006—2008 年，新疆科研人员发表 SCI、EI、ISTP、CSTPCD 论文共计 13380 篇，国际论文平均每篇被引用次数 2.22 次，新疆的研究水平从一个低起点快速拉升到“国际论文被引用篇数增长较快的十个地区之一”[①]。具备了申请和执行“973”“863”等国家重大科技计划项目的能力。到 2009 年底，累计取得重大科技成果 8988 项，获得专利授权 1.45 万件。

科技基础条件明显改善。利用多种途径大力支持新疆科技基础条件建设，依托一些科技实力较强的高校和科研院所、企业，先后建设了一批重点实验室和工程技术研究中心等，省部共建国家重点实验室培育基地达到了 5 个，

① 中国科学技术信息研究所 . 中国科技论文统计结果 2009.

同时，许多省市纷纷在新疆建立各具特色的科技合作基地。上海市在乌鲁木齐建立了“新疆上海科技合作基地”，在阿克苏筹建了“阿克苏上海科技活动中心”，在和田地区组建了“中科院上海生科院和田地区维吾尔医药研究开发中心”；天津市在乌鲁木齐建立了“新疆天津科技合作园”，在喀什地区建立了“天津海河生态园”“津泽工业园”等；山东省在喀什地区疏勒县建立了“齐鲁工业园”；福建省在昌吉州组建了“闽昌科普教育示范基地”。通过多方支援，新疆的自主创新能力逐步提高，有力地支撑了经济社会的发展。

科技人才队伍不断壮大。目前已发展到40多万人，拥有4名中国工程院院士。依托“西部之光”“国家高技能人才培训工程”、少数民族科技人才特殊培养计划等人才培养计划和活动，积极引进人才和智力，推进科技创新人才和创新团队建设。中科院启动了“西部之光新疆人才”特别支持计划，开展新疆紧缺高层次科技人才的引进和培养工作。仅2008—2009年，科技部及内地各省市组织的新疆科技及管理人员培训就达4000多人次，新疆基层科技管理干部及院所骨干科技人员到内地挂职的有60多人。

**5.国际化步伐加快，与中亚、俄罗斯和周边国家的科技合作顺利进行**

新疆与中亚国家科技合作步伐显著加快。2009年7月在乌鲁木齐举行了上海合作组织第一次科技部长会议专家筹备会晤，与会代表就2010年启动科技部长会议制度以及“上合”框架下开展科技合作的原则、目标、具体方式等达成一致，将新疆同中亚及俄罗斯的科技合作纳入上海合作组织框架下的科技合作机制取得新进展。2007年，科技部和新疆维吾尔自治区人民政府在哈萨克斯坦阿斯塔纳举办了“中国高新技术及产品展览会”，组织了国内16个省区市的120家企业参展。科技部在乌鲁木齐建立了“国家中亚科技经济信息中心”，安排新疆承担的国家科技援外项目“吉尔吉斯斯坦生态环境保护与自然环境管理”“塔吉克斯坦农业用水资源调查及典型灌区节水示范”等取得新进展。

联合东中部地区积极拓展向西开放的科技合作领域。乌鲁木齐高新区联合38家国家高新区、经济技术开发区、边境经济合作区，成立了高新技术产业发展中亚市场战略联盟，共同在中亚国家举办高新技术展览。新疆充分利用地缘优势，联合内地省市积极开展与中亚、俄罗斯的科技合作，在农业、畜牧业、地震、有色冶金、地质勘探、环境保护等20多个领域取得实质性进展。2003—2009年，中、俄、哈、蒙阿尔泰区域科技合作与经济发展国际研讨会分别在中国新疆、俄罗斯、哈萨克斯坦、蒙古等地召开8次，在多个领域达成了合作共识。召开了“阿尔泰区域科技合作国际协调委员会”协调会议5次，举办科技合作培训班5期。

新疆国际科技合作能力不断提高。新疆师范大学建立了中亚区域跨境有害生物联合控制国际联合研究中心，国家节能灌溉工程技术研究中心（新疆）建立了新疆节水灌溉技术国际科技合作基地，倾斜支持新疆举办发展中国家技术培训班，扩大新疆的对外开放合作交流，引进国外先进技术，培养本地科技人才。

## 三、西部大开发计划

### （一）政策背景

长期以来，由于中国东西部地区在地理位置、自然资源、人文环境等方面差异明显，中国经济社会发展也一直呈现出西低东高的不均衡局面。为了加快西部地区发展，近年来，中国出台了一系列相关政策，引导支持西部地区分享和参与中国的现代化建设。

2000年10月，中共十五届五中全会通过的《中共中央关于制定国民经济和社会发展第十个五年计划的建议》，发行长期国债14亿元，把实施西部大开发、促进地区协调发展作为一项战略任务，强调：“实施西部大开发战略、加快中西部地区发展，关系经济发展、民族团结、社会稳定，关系地区协调发展和最终实现共同富裕，是实现第三步战略目标的重大举措。”

2001年3月，九届全国人大四次会议通过的《中华人民共和国国民经济和社会发展第十个五年计划纲要》对实施西部大开发战略再次进行了具体部署。西部地区特指陕西、甘肃、宁夏、青海、新疆、四川、重庆、云南、贵州、西藏、广西、内蒙古12个省、自治区和直辖市。实施西部大开发，就是要依托亚欧大陆桥、长江水道、西南出海通道等交通干线，发挥中心城市作用，以线串点，以点带面，逐步形成中国西部有特色的西陇海兰新线、长江上游、南（宁）贵、成昆（明）等跨行政区域的经济带，带动其他地区发展，有步骤、有重点地推进西部大开发。

## （二）政策发展

### 1. 从区域发展战略层面加强部署

自 2000 年提出西部大开发战略，中国一直致力于推动西部地区经济发展，目的是“把东部沿海地区的剩余经济发展能力，用以提高西部地区的经济和社会发展水平、巩固国防”。“十一五”以来，中国出台了一系列的文件与批复，通过一定的政策倾斜，加大对西部地区经济发展的支持（图 4–1）。

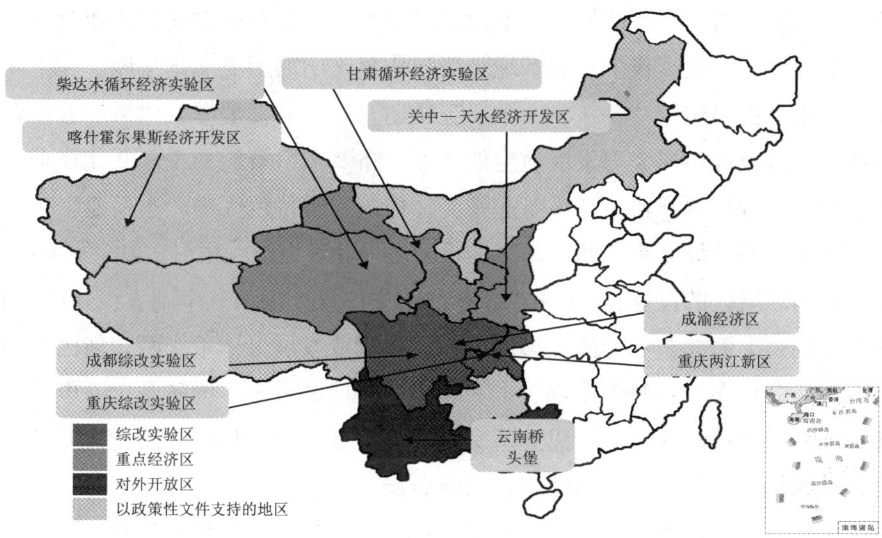


图 4–1　西部地区区域经济发展示意图

（1）综合改革试验区

《国务院关于推进重庆市统筹城乡改革和发展的若干意见》（国发〔2009〕03 号），把重庆改革发展上升为国家战略，明确了重庆综改区战略任务：实施“一圈两翼”开发战略、实施扩大内陆开放战略、实施产业优化升级战略、实施科教兴渝支撑战略、实施资源环境保障战略。

《国务院关于成都统筹城乡综合配套改革试验总体方案的批复》（国办函〔2009〕55 号）对成都改革区的发展定位是：把成都建设成为西南物流和商贸中心、金融中心、科技中心及交通枢纽、通信枢纽；把成都建设成为中国重要的高新技术产业基地、现代制造业基地、现代服务业基地和现代农业基地。围绕这一目标，文件细化梳理出九条主要任务：一是建立三次产业互动的发展机制；二是构建新型城乡形态；三是创新统筹城乡的管理体制；四是探索耕地保护和土地节约集约利用的新机制；五是探索农民向城镇转移的办法和途径；六是健全城乡金融服务体系；七是健全城乡一体的就业和社会保障体系；八是努力实现城乡基本公共服务均等化；九是建立促进城乡生态文明建设的体制机制。

（2）重点经济区

关中—天水经济区［《国家发展改革委关于印发关中—天水经济区发展规划的通知》（发改西部〔2009〕1500号）］的战略定位是全国内陆型经济开发开放战略高地、统筹科技资源改革示范基地、全国先进制造业重要基地、全国现代农业高技术产业基地、彰显华夏文明的历史文化基地。在空间发展战略上提出构筑“一核、一轴、三辐射”的空间发展框架体系。在产业发展上，着重提出要大力发展航空航天、装备制造、资源加工、文化产业、旅游产业、现代服务业，形成产业集群，构筑若干特色优势产业基地。

《关于同意设立重庆两江新区的批复》(国函〔2010〕36号)文件的出台，标志着两江新区的设立，重庆两江新区成为中国设立的第三个副省级新区(前两个分别是上海浦东和天津滨海新区）。在产业发展上，重庆两江新区提出了5+3战略性布局：轨道交通、电力装备、新能源汽车、国防军工、电子信息等五大战略性产业布局，以及国家级研发总部、重大科研成果转化基地、灾备及数据中心等三大战略性创新功能布局。

“十一五”以来，中国大力推动西部发展循环经济，先后出台、批复了甘肃循环经济规划［《国务院关于甘肃省循环经济总体规划的批复》（国函〔2009〕150号）］和青海省柴达木循环经济试验区规划［《国务院批复实施青海省柴达木循环经济试验区总体规划》（国函〔2010〕26号）］。甘肃省循环经济试验区按照“减量化、再利用、资源化”原则，全面推进循环型农业、循环型工业、循环型社会建设，积极培育循环经济产业园区和专业基地建设。通过着力打造16个产业链条，逐步形成覆盖甘肃的七大循环经济专业基地。青海省柴达木循环经济试验区重点规划建设格尔木工业园、德令哈工业园、乌兰工业园、大柴旦工业园等四个循环经济工业园，构建以盐湖化工循环型产业、金属产业、油气化工循环型产业、煤炭综合利用产业、高原特色生物产业以及可再生能源产业六大产业链为主导的产业体系。

成渝经济区是国务院2011年批复成立的［《关于成渝经济区区域规划

的批复》（国函〔2011〕48 号）]，其战略定位是：全国统筹城乡发展示范区；全国重要的高新技术产业、先进制造业和现代服务业基地；科技教育、商贸物流、金融中心和综合交通枢纽；西南地区科技创新基地。成渝经济区的总体布局规划是：构建“双核五代”（重庆发展核心、成都发展核心、沿长江发展带、成遂渝发展带、成绵乐发展带、渝广达发展带、成内渝发展带）的空间格局。产业发展规划的是：培育和建设国家重大装备制造业基地、高技术产业基地、清洁能源基地、国防科研产业基地，优势农产品生产加工基地。

（3）对外开放经济区

2008 年中国批复了广西北部湾经济发展规划 [《国家发改委关于印发广西北部湾经济区发展规划的通知》（发改地区〔2008〕144 号）]，其中对广西北部湾经济区的战略定位是：建设成为重要国际区域经济合作区。功能定位是：立足北部湾、服务“三南”（西南、华南和中南）、沟通东中西、面向东南亚，充分发挥连接多区域的重要通道、交流桥梁和合作平台作用，以开放合作促开发建设，努力建成中国 – 东盟开放合作的物流基地、商贸基地、加工制造基地和信息交流中心，成为带动、支撑西部大开发的战略高地和开放度高、辐射力强、经济繁荣、社会和谐、生态良好的重要国际区域经济合作区。根据空间布局和岸线分区，规划建设 5 个功能组团——南宁组团、钦（州）防（城港）组团、北海组团、铁山港（龙潭）组团、东兴（凭祥）组团。

在《国务院关于支持云南加快建设面向西南开放重要桥头堡的意见》（国发〔2011〕11 号）中，对云南桥头堡的定位是：向西南开放的重要门户、沿边开放的试验区和西部地区实施“走出去”战略的先行区、西部地区重要的外向型特色优势产业基地、重要的生物多样性宝库和西南生态安全屏障、民族团结进步边疆繁荣稳定的示范区。在优化区域发展布局中提出要提升滇中城市经济圈的辐射带动能力、建设重要的沿边开放经济带、完善对外经济走廊、增强对内经济走廊的纽带作用。

《国务院关于支持喀什霍尔果斯经济开发区建设的若干意见》（国发〔2011〕33 号）的出台标志着喀什霍尔果斯经济开发区正式上升为国家战略区域。文件中将喀什霍尔果斯定位为中国向西开放的重要窗口和新疆跨越式发展新的经济增长点，并明确指出了喀什和霍尔果斯的重点发展产业及支持扶持政策。

（4）以政策性文件支持的省份

针对西部一些省份经济发展面临的困难和问题，“十一五”以来中国出台了支持宁夏、广西、西藏、甘肃、新疆、内蒙古、贵州等省份的指导性、政策性文件，通过政策支持引导，推进各省经济又快又好的发展（表 4–1）。

表 4–1 以政策性文件支持的省份区域规划主要内容

| 地区 | 文号 | 规划主要内容梳理 |
|---|---|---|
| 宁夏 | 国发〔2008〕29 号 | 六大基地：大型煤炭基地、煤化工产业基地、“西电东送”火电基地、世界重要钽铌铍、碳基材料制品生产研发基地和国内重要的镁硅及其深加工产品基地、特色农产品生产加工基地<br>六个示范区：全国节水型社会建设示范区、全国防沙治沙综合示范区、宁东国家循环经济示范区、引黄灌区现代农业示范区、中部干旱带旱作节水农业示范区、南部黄土丘陵区生态农业示范区<br>一个目的地：西部独具特色的旅游目的地 |
| 广西 | 国发〔2009〕42 号 | 打造区域性现代商贸物流基地、先进制造业基地、特色农业基地和信息交流中心，构筑国际区域经济合作新高地，形成中国沿海经济发展新一极；在战略布局上，将广西划分为北部湾经济区、西江经济带和桂西地区三类区域，通过实施“两区一带”的区域发展总体布局 |
| 甘肃 | 国办发〔2010〕29 号 | 实施四大经济社会发展战略规则：以加强薄弱环节为重点的基础设施建设战略、以节水和治沙为重点的生态安全战略、以改善民生为重点的社会发展战略、以优势资源开发转化为重点的产业发展战略。充分发挥兰州等中心城市的辐射带动作用，积极打造陇东、河西两大能源基地，构建各具特色的组团式发展格局 |
| 内蒙古 | 国发〔2011〕21 号 | 定位：中国北方重要的生态安全屏障、国家重要的能源基地、新型化工基地、有色金属生产加工基地和绿色农畜产品生产加工基地、中国向北开放的重要桥头堡、团结繁荣文明稳定的民族自治区 |
| 贵州 | 国发〔2012〕2 号 | 充分发挥黔中经济区辐射带动作用，加快建设黔北经济协作区，积极推动毕水兴（毕节、六盘水、兴义）能源资源富集区可持续发展，大力支持“三州”（黔东南州、黔南州、黔西南州）等民族地区跨越发展 |

注：由于新疆、西藏相关文件的缺失，此处未列出其相关规划内容。

**2.加强西部地区宏观层面的科技战略部署**

（1）国家层面的西部地区科技战略部署

《中共中央国务院关于深入实施西部大开发战略的若干意见》中明确指

出西部地区要强化科技创新，加强人才开发。基于此战略考虑，提出一方面大力发展科学技术，优化科技资源配置，构建技术创新体系；强化国家地方联合创新平台建设，支持企业技术中心发展；加强新技术研发，加快科技成果向现实生产力转化；支持西安统筹科技资源改革示范基地、关中—天水创新型区域、绵阳科技城发展，推进创新型区域和创新型城市建设；发展军民两用技术，积极推进军民两用技术双向转移；加强气候变化、生态环境、冰川冻土、生物质资源等具有西部特点的基础科学研究；加强知识产权创造、应用、保护和管理。另一方面，加快人才资源开发，加大各类人才培养力度，着力培养重点领域急需紧缺人才和少数民族人才；大力引进国外智力；实施边远贫困地区、边疆民族地区和革命老区人才支持计划；继续实施东部城市对口支持西部地区人才培训、公务员对口培训以及博士服务团、“西部之光”访问学者、西部地区管理。此外，文件中还提出了要深化科技体制改革，促进科技资源整合和优化配置，形成有利于加快科技成果转化为现实生产力的体制机制。

在《国务院关于中西部地区承接产业产业转移的指导意见》中，对西部地区科技发展的战略部署是：加快农业科技进步，在高技术产业方面，发挥国家级经济技术开发区、高新技术产业开发区的示范带动作用，承接发展电子信息、生物、航空航天、新材料、新能源等战略性新兴产业。鼓励有条件的地方加强与东部沿海地区创新要素对接，大力发展总部经济和研发中心，支持建立高新技术产业化基地和产业“孵化园”，促进创新成果转化。创新高层次人才引进、使用、激励和服务保障机制，积极为高层次人才搭建创新创业平台。加大对产业园区技术创新体系建设、知识产权运用以及自主知识产权产业化的支持力度，提高集成创新和再创新能力。支持中西部地区高等学校提升人才培养与创新服务能力，结合产业转移重点办好特色专业。

在《国家“十二五”科技发展规划》中对西部地区科技发展的战略布局是：深入实施西部大开发战略，引导科技资源向欠发达地区流动，加大科技援疆、援藏和支援其他民族地区力度，加强西部能源资源开发、生态环境保护和修复。

（2）西部各省市区域发展规划中的科技政策

在国家宏观区域发展规划中科技战略的指导下，各区域在出台的区域规划中都包含了相应的科技发展政策，作为支撑本区域发展的重要保障，具体见表 4–2。

表 4-2 西部地区区域发展规划中的科技政策

| 地区 | | 文号 | 科技政策 |
|---|---|---|---|
| 综改试验区 | 重庆 | 国发〔2009〕03 号 | 科教兴渝支撑战略：国家在重点研发基地布局、支持军民融合技术创新基地建设、科技和创新综合改革试验等方面给予重点支持；加快研究开发、资源共享和成果转化科技平台建设，提升自主创新能力；加强产业技术升级、新兴产业培育、节能减排、资源利用保护等方面关键技术的研究开发和技术标准的研制；逐步建立服务业科技创新体系，用现代信息技术提升服务业发展水平；探索建立比较完备的科技投融资体系；深化科技体制改革；支持重庆构建城乡一体的基层公共科技服务体系，引导科技要素向农业和农村转移；推进节能减排和发展循环经济的关键技术开发和推广 |
| 综改试验区 | 成都 | 国函〔2009〕55 号 | 1. 引导科技资源和要素向农业农村转移，加快农业科技创新。2. 依托各级技术院校建设实训基地，为农民工提供实际操作培训。3. 拓展成都国家级高新技术产业开发区、国家级经济技术开发区发展空间 |
| 重点经济区 | 关中—天水 | 发改西部〔2009〕1500 号 | 充分利用科技优势、区位条件和产业基础，统筹各类科技资源，提升自主创新能力，形成具有核心竞争力的区域创新体系，实现关键领域和核心技术的重大创新突破，引导创新要素向企业集聚，形成特色产业集群。从体系创新、技术创新、环境创新、人才开发四个方面构建创新型区域 |
| 重点经济区 | 甘肃 | 国函〔2009〕150 号 | 甘肃循环经济区：1. 以体制机制创新和科技进步为动力，按照“减量化、再利用、资源化”原则，积极培育循环经济产业链、骨干企业、示范园区和基地建设，加大循环经济支撑技术的研发推广力度，努力把甘肃省建成国家循环经济示范区。2. 继续加大对甘肃节能技术改造项目的支持力度，加快推广节能新技术 |
| 重点经济区 | 重庆两江新区 | 国函〔2010〕36 号 | 以轨道交通、电力装备、新能源汽车、国防军工、电子信息等五大战略性产业布局和国家级研发总部、重大科研成果转化基地、灾备及数据中心等三大战略性创新功能布局两江新区，加快培育一批高成长性新兴产业集群 |

续表

| 地区 | | 文号 | 科技政策 |
|---|---|---|---|
| 重点经济区 | 成渝经济区 | 国函〔2011〕48号 | 1. 推广高产高效栽培技术，实施农机化推进工程。2. 提高自主创新和产业配套能力，加快建设全国重要的重大装备制造业基地。3. 积极推进新能源汽车的研发和生产。4. 完善创新和服务平台，推进科研成果产业化，建设国家重要的电子信息产业基地。5. 加快培育下一代互联网、物联网、信息安全、云计算等战略性新兴产业。6. 建设国家民用航空产业基地，提高航天装备研发制造能力。7. 大力发展科技服务业 |
| 对外开放区 | 广西北部湾地区 | 发改地区〔2008〕144号 | 1. 加快发展现代产业体系，推动产业优化升级。2. 加快科技成果引进消化吸收再创新，提升南宁、北海高新技术产业园区的创新能力和孵化能力。3. 发挥海洋资源优势，大力培育发展海洋产业，促进海洋科技成果产业化。4. 加大科技支农力度，扩大信息进入农户覆盖面，鼓励发展农机社会化服务。5. 大力推广节水技术，发展节水产业，大力发展海水淡化技术，实现海水资源综合利用。6. 加强产业合作与高层次人才开发 |
| | 云南桥头堡 | 国发〔2011〕11号 | 1. 深化大湄公河次区域农业科技交流合作，探索在周边国家建设一批农业科技示范基地和动物疫情监测站，加强境外农业技术指导和培训，使云南成为面向东南亚的农业技术推广枢纽。2. 加强产学研合作，推进产业技术创新战略联盟建设，提高自主创新和技术成果转化能力。3. 积极培育战略性新兴产业，推进节能减排和循环经济发展 |
| | 喀什—霍尔果斯 | 国发〔2011〕33号 | 1. 加大国家各类科技计划的支持力度，引导企业和科研机构在经济开发区实施一批重大科技项目。2. 通过科技型中小企业创新基金，加强对经济开发区科技型中小企业的支持。3. 实施科技成果转化的股权激励政策。4. 支持内地科技成果在两个经济开发区转化。5. 中央财政支持经济开发区职业技术人才的培养 |
| 政策性文件支持省份 | 宁夏 | 国发〔2008〕29号 | 1. 充分发挥科技支撑作用，加快实施以保护水生态为中心的可持续发展战略。2. 依靠科技进步与农业科技服务体系，推进宁夏种植业与畜牧业的发展。3. 支持中小企业科技孵化基地和科技资源技术产权交易场所建设，支持宁夏科技示范园建设和银川经济技术开发区申请国家级高新技术产业开发区。4. 鼓励用高新技术和先进适用技术改造传统产业，提高企业技术装备水平和产品竞争力 |

续表

| 地区 | | 文号 | 科技政策 |
|---|---|---|---|
| 政策性文件支持省份 | 广西 | 国发〔2009〕42 号 | 1. 加快发展高技术产业。2. 提升企业自主创新能力。3. 支持建设北海国家农业科技园区。4. 实施燃煤工业锅炉（窑炉）改造、余热余压利用、绿色照明、节能监测和技术服务体系建设等节能降耗重点工程，加强清洁生产技术服务能力和网络建设。5. 支持广西少数民族文字挖掘、整理、出版，加快少数民族语言文字出版数字资源整合和排版制版技术开发。6. 完善和进一步发展产权交易、技术转让市场 |
| | 甘肃 | 国办发〔2010〕29 号 | 1. 积极发展现代设施农业，推动河西走廊星火产业带高效节水设施农业科技示范工程与科技发展支撑体系建设，大力发展高效农业。2. 在加快发展风能、太阳能等新能源的同时，积极发展新材料、生物医药、节能环保等新兴战略产业。3. 坚持人才强省和科技兴省的路线，积极引进科技、教育、卫生等行业紧缺人才，加大技能人才培养 |
| | 内蒙古 | 国发〔2011〕21 号 | 1. 推广应用低碳技术，实施森林草原固碳增汇技术示范工程，控制温室气体排放。2. 建立健全农业技术推广服务体系，提高农业现代化水平。3. 积极有序发展新材料、新医药、新一代信息技术和节能环保等战略性新兴产业。4. 推进科技基础设施、创新平台和创新载体建设，加强核心技术和共性关键技术研发。5. 鼓励地方科研单位与国家级科研院所开展科技合作。6. 提升高新技术开发区产业集聚和自主创新能力 |
| | 贵州 | 国发〔2012〕2 号 | 1. 发展新材料、电子及新一代信息技术、生物技术、新能源汽车等新兴产业。2. 鼓励企业与科研院所建立产学研联盟，加强核心技术和关键技术研发。3. 鼓励和支持国家大型科研单位、重点高校在贵州设立科研机构和成果转化中心，支持建设国家重点（工程）实验室、工程（技术）研究中心、企业技术中心 |

注：由于中发〔2010〕4 号、中发〔2010〕9 号和国函〔2010〕26 号文未对外公布，故表中未含新疆、西藏、青海柴达木区域发展规划中的科技政策内容。

### （三）总结与成效

从以上分析可以看出，自“十一五”以来，中国针对西部地区出台的区域发展规划数量居四大板块之首，每个省按照国家宏观战略布局都至少出台了一个区域（省）发展规划，国家的政策支持重点向西部地区倾斜。从目前已出台的规划来看，基本上覆盖了国家宏观层面战略区域。但呼（和浩特）包（头）银（川）、兰（州）西（宁）格（尔木）、陕甘宁这类较大的跨省区域并没有出台专门的发展规划，这些地区的发展可能更多地被包含到各省的区域发展规划中，应更多地依靠各区域间的交流合作来推进这几个区域的发展。西部大开发在中国区域协调发展总体战略中具有优先地位，国家应该根据不同区域特点切实加大扶持力度，加快推动革命老区、民族地区、边疆地区、贫困地区脱贫致富。此外，各区域发展规划中都提到了体制机制创新的问题，考虑到西部地区市场化程度、观念、政府效率等因素，通过体制机制的创新来推进政策落实可能存在着一些困难。各级政府应认识到这一问题，在区域规划的协调落实上未雨绸缪，早做部署。最后，西部地区的生态环境脆弱，虽然各区域在规划中都提到了环境保护的问题，也制定了相应的政策，但兼顾并处理好生态环境、人民健康和经济增长的关系，在实际发展中将政策落实到位，却不是一件易事。国家应该加强区域间的利益协调，使发展真正建立在生态优先的基础上。

从区域科技政策来看，首先，西部地区更加重视依靠科技提高生产力，依靠科技突破资源环境的束缚，依靠科技实现经济的“弯道超车”。各区域发展规划因地制宜地提出了本地区的科技政策，从宏观上对科技支撑区域经济发展进行全面部署。其次，西部地区的科技需求与东部、东北和中部地区有所不同，更多的是科技成果的转化吸收利用，自身的科技创新能力还不足，需要更多的外力扶持来提升当地的科技发展水平。在西部地区的主要科技政策中，以资源开发加工、生态环境保护、现代农业为主，只有部分工业基础较好的地区提出了高新技术产业发展规划。第三，西部地区科技创新环境有待加强。西部地区应该加强人才培养，提高公众科技素养，注重经济发展软环境培育，加快信息化建设，大力培育科技中介机构，推进区域科技创新体系的建设。最后，针对各区域的科技政策制定相应的考核落实机制，保障科技政策落得实效。西部地区的科技需求内生性不足，政府推动引导显得尤为关键，只有从根本上建立起科技政策的运行保障机制，才能使科技真正转化为生产力，促进地区经济发展，而不是流于形式。

十多年来，中国通过规划指导、政策扶持、资金投入和项目安排等方面不断加大对西部地区的开发力度，西部地区的经济、社会、文化和生态等建设取得了显著成效。2013 年，西部地区基础设施建设、特色产业发展稳步推进，生态环境保护和生态文明制度建设取得重要进展，科教文卫等社会事业和民生服务稳步改善，改革开放步入全面深化新阶段，经济社会发展总体上保持稳中有进的良好态势。前 3 季度，西部地区实现生产总值 84734 亿元，同比增长 10.7%，增速分别高于东部、中部和东北地区 1.6 个、1 个和 2.1 个百分点；城镇人均可支配收入、农民人均纯收入增幅分别高于 10% 和 13%。1 ~ 11 月，西部各省区市工业增加值累计增长均在 11% 以上；完成固定资产投资（不含农户）96588 亿元，同比增长 23.0%；进出口总额 2461 亿美元，同比增长 15.0%，增速高于全国 7.3 个百分点。总的来看，西部地区主要经济指标增速可望连续 7 年高于东部地区[①]。

当前，西部地区已经进入全面小康的攻坚期、社会矛盾的多发期、转型发展的加速期和改革开放的突破期，必须以更大的决心、更强的力度、更有效的举措，全力推进西部大开发不断迈向深入。

① 国家发展改革委 . 全面推进西部大开发不断迈向深入 . 中国经济导报 ,2014 年 2 月 25 日 .

# 第五章　产业发展

包容性创新与产业发展存在紧密联系，包容性创新可以通过创新为低收入群体提供买得起的产品，促进一个产业或者产业细分领域的发展。同时，新兴产业作为产业发展过程中的弱势阶段，需要通过政策创造公平开放的竞争和市场环境不断发展壮大。

## 一、包容性创新与产业发展

产业本身的多样性、发展的阶段性和用户的层次性等使包容性创新与产业发展之间存在紧密联系。

首先，包容性创新成为促进产业发展的路径之一。根据 OECD 对包容性创新的定义，包容性创新是利用科学、技术和创新诀窍以解决低收入群体的需求。对产业而言，通过创新为低收入群体提供买得起的产品，可能创造一个新市场，从而促进一个产业或者产业细分领域的发展，这里称之为包容性的产业创新。包括“自上而下”和“自下而上”两种模式。“自上而下”模式是由政府组织或者支持的创新活动，主要针对具有较强外部性的产品，该类产品创新在完全市场竞争环境下，可能由于需要大量投入，也可能市场范围较小，企业很难通过创新实现经济效益，因此需要政府主导的创新，重在满足社会需要。“自下而上”模式是市场自发的创新活动，通过产品功能、设计、制造工艺或者商业模式的创新，降低产品成本，从而降低产品价格，让更多用户能够用得起，扩大了用户群体或者创造了细分用户市场。

其次，新兴产业发展需要包容性创新。可以将 OECD 的定义中“弱势”的范围进行延伸，不仅包括低收入群体，还包括处于竞争或者发展中“弱势”地位的产业。“弱势”是相对的概念，从产业发展阶段出发，通常认为处于形成期和成长期的产业，即新兴产业，由于技术和市场不成熟，产业体系不完善等原因，需要政策扶持和保护才能快速发展，逐渐使产业进入成熟阶段。

从包容性创新的角度看，通过创新政策支持新兴产业发展包括两个方面。其一，为新兴产业发展创造公平的竞争环境，实现包容性创新“人人参与创新”的目标。新兴产业是随着新的科研成果和新兴技术的发明、应用而出现的新的部门和行业，尤其在发展初期技术路线尚未确定或主导设计尚未形成，技术创新处于“试错”阶段，需要营造开放和竞争性的环境，让更多创新主体有机会参与创新。同时，新兴产业发展还面临资金或者规模等壁垒，需要通过政策支持，创造有利于产业创新的体制机制，降低新兴产业发展的资金或者规模壁垒，破除产业发展障碍，为新兴产业创造更有效的发展条件，让更多的主体参与到产业创新中，共同推动产业发展。其二，为新兴产业创造市场，实现包容性创新“人人参与创新”和“人人分享创新”的双重目标。新兴产业建立在新技术及新产品应用推广的基础上，其发展不但受到技术创新的影响，还受新技术和新产品扩散和推广速度的影响。新兴产业在发展初期，技术成熟性和经济性相比传统产业而言不具备竞争优势，市场进入门槛较高，通过新技术和新产品的推广，既可以为新兴产业创造市场，降低创新市场进入的门槛，让更多创新者从市场中获益，也可以让更多人分享新技术和新产品的成果，实现包容性创新“人人分享创新”的目标。

## 二、政府组织抗疟药物创新：以青蒿素研制为例①

### （一）青蒿素研制背景

疟疾是经蚊叮咬或输入带疟原虫者的血液而感染疟原虫所引起的虫媒传染病，是一种传染性极强的疾病。2003 年，全球有 5 亿人生活在疟疾高发区域，2 亿多人感染疟疾，100 多万人因此丧命，丧命者在非洲多为孕妇和 5 岁以下的儿童。在非洲，因疟疾流行造成的 GDP 损失每年估计在 120 亿美元，并消耗了约 40% 的公共卫生开支。

20 世纪 60 年代，疟疾全球肆虐。1964 年，美国出兵越南，印度支那战争升级。在越南南部战场，恶性疟疾终年流行。美军在越南战场上疟疾年发病率高达 50%，越南军队也遭受了疟疾的严重影响。当时，主要用氯喹、奎

① 本部分主要内容参考《中国科技发展研究报告 2010——战略性新兴产业研究》第五章第四节。

宁等药物治疗疟疾，但由于疟原虫对此类药物产生明显的抗药性，必须研制新的抗疟药物。美国方面成立了疟疾委员会，组织几十个单位进行研究，但最终没有找到理想的抗疟药物；越南方面，1965 年越南国家领导人在访问中国时，向毛泽东主席和周恩来总理提出请求，希望中国能帮助他们解决这一难题。中国领导人欣然答应越南方面请求，1967 年周恩来总理亲自部署“研制抗疟新药”计划（简称“523”计划）。

### （二）青蒿素研制

“研制抗疟新药”计划集中全国 40 多个重点科研单位、医药院校，共 500 多名科研人员，组成“青蒿素协作研究组”，在全国领导小组统一的组织管理下共同执行。

研究初期，主要从中国民间验方中寻找抗疟药线索。经参研单位的努力，初步从青蒿提取物中找到了有一定抗疟作用的成分。1973 年，山东省寄生虫病防治所与山东省中医药研究所协作，用苯 – 石油醚 – 氯仿从黄花蒿中提取的粗体物“黄 1 号”在临床试验中，疗效显著，且没有毒副作用。同年，云南药物所也成功地提取出“黄花蒿素”，并对其药理和毒理作用进行了初步研究，证实对治疗疟疾有特效，且没有毒副作用。1971 年，中国中医研究院屠呦呦领导的科研小组，从黄花蒿中发现抗疟有效提取物，1972 年提取了分子式为 $C_{15}H_{22}O_5$ 的无色晶体，命名其为“青蒿素”，1973 年又合成出双氢青蒿素。1974 年，全国“研制抗疟新药”计划办公室组织北京、山东、云南的有关单位，再次进行集体协作攻关，最终确认出青蒿治疗疟疾的有效成分是一个仅由碳、氢、氧 3 种元素组成的具有过氧基团的新型倍半萜内酯，是与已知的抗疟药物结构完全不同的新型化合物。1978 年 11 月，在江苏扬州主持召开青蒿素治疗疟疾科研成果鉴定会，最终认定青蒿素研制成功，按中药用药习惯，将中药青蒿抗疟成分定名为青蒿素，从此中国拥有完全自主知识产权的抗疟新药青蒿素宣告诞生。

### （三）青蒿素研制成果国际化扩散

1982 年，中山大学教授江静波等人在国外著名医学杂志《柳叶刀》发表了一篇关于青蒿素的学术论文。鉴于多种抗药性恶性疟原虫株蔓延带来的世界性严重威胁，中国发表的关于青蒿素的学术论文及相关信息引起了世界卫生组织（WHO）和国外机构的关注。1981 年 10 月，WHO 疟疾化疗科学工作在北京召开青蒿素及其衍生物学术讨论会。会议准备期间，军事医学科学院、中国医学科学院药物研究所等国内从事青蒿素类药物研究的单位，对青蒿素研究中的药理、毒理和药物代谢等薄弱环节进行了补充实验数据，并在讨论会上报告了 7 篇论文。1982 年 2 月，WHO 疟疾化疗科学工作组派秘书和科学顾问参观北京、上海、桂林、广州有关科研单位和药厂。

1982 年，瑞士罗氏药厂对青蒿素进行了人工全合成。美国华尔特里德研究院已分离出青蒿素并测定了理化常数。曾于 1981 年 10 月来华参加青蒿素及其衍生物学术报告会的印度、英国等国专家，在回国后也进行了青蒿引种栽培、育种和种植试验、青蒿素药理学研究等。

1990 年中国中信技术公司与军事医学科学院、昆明制药等机构组成的科工贸合作体作为复方蒿甲醚片剂（蒿甲醚 - 本芴醇复方）项目的商务代表，与瑞士汽巴 - 嘉基公司（现为诺华公司）进行合作开发谈判。1994 年 9 月，诺华公司与中方正式签订了为期 20 年的《专利许可协议》，规定中方将青蒿素专利许可诺华公司，并负责提供用于复方蒿甲醚生产的两种原料药蒿甲醚和本芴醇；诺华公司主要负责药品的补充性研究、国际临床试验、专利申报、药品注册以及国际市场开发、宣传推广和技术指导等工作，并由其位于北京昌平的制剂厂生产复方蒿甲醚片剂。之后经过 15 年的合作，诺华公司投入超过 1 亿美元资金，按国际新药研发标准在世界各地重新对该复方进行研发评价，并进行国际注册。重新研发评价的最终结论是，中方科学家原来所做的全部研究实验数据都经得起国际机构的重复实验。蒿甲醚 - 本芴醇复方产品冠上瑞士诺华的商品名后，2002 年已被载入 WHO 基本药物目录，被多个非洲国家首选为一线疟疾治疗药，被 WHO、无国界医生组织（MSF）、全球基金（GFATM）推荐为援助用药，已经在全球 79 个国家、地区注册，28 个国家、地区上市销售。

### （四）"自上而下" 的包容性创新政策

#### 1.集中力量为弱势群体提供急需产品

青蒿素的研制发挥了政府"集中力量办大事"的优势。为加强青蒿素研究联合攻关，任务实施初期成立了跨部门的全国疟疾防治研究工作协作领导小组，制定提出了 3 个规划。每个规划都详尽规定了研究开发目标、任务和相应保障条件。在规划指导下，青蒿素研制形成了资源调查、药物研制、工艺开发等各方面协调配套的协作团队，保证了研制任务的衔接和整体推进。

从青蒿素资源、青蒿素药理毒理、化学结构、临床验证、药物制剂与质控标准，以及生产工艺等方面分别进行专业系统的研究，大大加快了青蒿素及其衍生物的研发速度。从发掘中药青蒿到青蒿素通过国家鉴定，只用了 6 年时间 。从青蒿素到衍生物系列，从青蒿素类药物单方到复方，从青蒿素实验室提取到工业化规模生产，再到青蒿素类抗疟新药批量生产和投放市场，共用 15 年时间（1972—1987 年）。这种创新药物研发效率和速度国内外罕见。

**2.缺乏配套政策未能促进产业发展**

青蒿素是得益于中医药古方的启示而发现的新一代抗疟药物，被国际上誉为“20 世纪后半叶最伟大的医学创举”，但是与研制相比，对中国医药产业而言，却没有带来与之相匹配的经济效益，或者社会效益。目前，在国际青蒿素类抗疟药物市场上，欧洲、印度制药企业占据绝对市场优势。如在占市场总额 80% 以上的公立市场上，诺华占 50% 左右，赛诺菲占 20% 左右，印度企业占 20%，中国企业仅占 10% 左右。而在私立市场上，中国企业也同样需要面临来自欧洲、印度企业的竞争。

尽管中国青蒿素研制取得了先机，但是在产业方面没有同步发展，主要源于缺乏配套的政策体系。首先，中国制药行业整体上生产管理水平还无法与国际接轨。由于中国生产条件未达国际 GMP 标准等原因，中国的青蒿素类抗疟药物难以立足于国际市场。其次，专利保护意识不强。独创性取得青蒿素技术突破后，应加强技术保密或者采取专利保护，这样不仅只有复方青蒿素（蒿甲醚 - 本芴醇）有机会赢得与国外机构合作机会，其他更早发明但却没有技术保密的蒿甲醚、青蒿琥酯、双氢青蒿素等也完全有可能赢得更多的国际合作机会。

## 三、低成本微创新：以山寨手机产业发展为例

### （一）山寨手机产业发展

所谓“山寨”是指一种由民间 IT 力量发起的产业现象，其特点主要表现为外观和性能的高仿造性、研发和制造的快速化和价格的平民化 。从产

品上说，山寨手机是指手机厂商以极低的成本模仿主流手机品牌产品的外观或功能，并加以创新，最终在外观、功能、价格等方面均不输于原有产品的手机。从法律上说，山寨手机是指没有手机牌照或没有备案的企业生产的手机总称。

山寨手机产业发展经历了三个阶段。第一阶段，仿冒阶段。21世纪初期，深圳出现最早意义上的山寨手机，该类手机从外观、材质到功能几乎完全仿制世界知名厂商的热销机型，商业标识也几乎完全相同，如抢搭iPhone热潮的HiPhone、模仿HTC的HIC、模仿Nokia的Nckia等。在这一时期，山寨手机在某种意义上混同于假冒、二手翻新手机，并未表现出其创新能力。第二阶段，创新发展阶段。2005年前后，台湾芯片制造商联发科（MTK）研制出将主板、芯片、通信模块、系统软件集成在一起的手机芯片，并提供“交钥匙”的手机一站式解决方案，打破了手机产业技术壁垒，为“山寨机”发展提供了基础技术条件。MTK芯片拥有较高的集成度，包括摄像头、mp3、mp4、触摸屏、JAVA以及蓝牙等功能均被合为一体，并且价格低廉，通常不到100元人民币，这使众多有一定实力的小企业只需生产手机的外壳并附以电池，一台手机即可完成。这样一部功能全面的手机成本不过200～300元，具有较强的市场竞争力。该阶段“黑手机”厂商转变为“山寨手机”厂商。同时随着国民经济水平提高与居民人均消费水平提升，市场上流通的水货、假冒、二手翻新等非正规渠道出售的质量没有保障的手机开始减少，“山寨手机”增多。第三阶段，正规发展阶段。2007年前后，中国山寨手机受到国内外广泛关注，并达到产业发展的顶峰。据不完全统计，在产量方面，2007年中国山寨手机产量至少1.5亿部，几乎与国内市场正品手机总销量相当，约占手机生产总量的1/3，其中有40%销往东南亚、非洲等地区；销售收入近1000亿元。2007年10月，国家宣布《国务院关于第四批取消和调整行政审批项目的决定》，取消了手机生产核准制和手机牌照制度，大量山寨手机厂商获得了转型的机会，成为手机发展产业“正规军”，“天宇”“金立”和“酷派”等手机厂商已经发展成为中国手机市场具有竞争力的知名品牌。

### （二）山寨手机“人人参与创新”——让更多企业进入产业链

#### 1.技术创新改变手机产业链结构

发达国家的跨国手机公司是手机产业发展中全球产业链和价值链的主导

者，这些公司同时拥有芯片设计、软件和系统设计、硬件设计、外观工业设计、产品项目管理等能力。联发科将芯片、软件平台以及第三方应用软件捆绑集成形成了“一站式解决方案”，将手机功能高度集成在MTK芯片中，使山寨手机的制造省去了应用平台和各种软件两个环节，手机生产技术标准化程度大幅度提高，改变了原有产业链结构。同时，大大降低了产业进入门槛，在产业链条的各个环节均出现了模块化、专业化制造公司，形成了一条完整的、具有强大竞争力的产业链。聚集山寨手机产业链的深圳华强北商圈周围，仅注册登记的方案设计公司就有400多家，负责销售手机的公司约3000家，而在深圳周边分布着600多家手机制造企业和3000多家手机部件生产企业，分工细致，从业人数多达20万人。

**2.变革准入方式让更多企业参与竞争**

2007年10月之前，只有由发展改革委核准并颁发手机生产牌照的企业才能够从事手机制造。手机制造商需要具备三方面条件：一是注册资金2亿元以上，二是连续经营两年以上，三是有研发能力、有环保等相关规定的认证。但除了第一批发放牌照的几家厂商严格地具备上述条件外，后来陆续有小的厂商用多家企业合并资金等方式获得手机牌照，令手机牌照核准制形同虚设。

2007年10月，国务院宣布了第四批取消和调整的行政审批项目，决定取消国家特殊规定的移动通信系统及终端等生产项目核准，这意味着手机牌照制度取消。监管部门对手机制造企业将实施手机入网质量检测与消费者投诉监控两道门槛，以取代手机核准制。该项政策，让很多经过“山寨手机”发展的积累，有能力、有实力的企业进入手机产业，通过创造更开放公平的市场竞争环境，促进手机产业的发展，也推动了中国手机产业从“山寨”向“正规”发展。

### （三）山寨手机“人人分享创新”——让更多人使用手机

通过技术创新和产业链创新，山寨手机以低价和多功能等优势赢得了市场，同时让更多低收入和特殊需求用户能够“用得起”手机，享受手机带来的便利。首先，超高的性能价格比是山寨手机市场得以发展的重要原因。据统计，一般“山寨”手机价格仅为国外品牌的1/5，是大陆国产品牌的1/2，通常价格在几百元人民币。以一台2.6寸屏同等功能手机2008年价格作比较，山寨机价格为700元左右，国产手机1400元左右，而进口手机价格在2000

元左右。山寨手机价格低主要原因在于，联发科的整体解决方案将芯片、操作系统和应用软件三个环节整合在一起，通过周边完整的产业链进行组装，省略掉质量控制等自测和工信部检验环节，可以直接上市，缩短了上市周期（常规厂商为 12 个月，山寨机最快 1 个月），同时在售后服务和品牌宣传方面比品牌厂商投入少。较低的价格受到中国三、四线城市用户的欢迎，山寨手机在农村、学校等中低消费阶层中占到了 50%。

其次，山寨机制造商更贴近客户，满足消费者个性化需求，消费者可以挑选自己偏好的规格与功能，也可以针对客户的需求量身打造。例如，住在偏远地区的农民，可以买一款配备很多 LED 灯的手机兼当手电筒，以备晚上巡田时派上用场；或是装有超高音量的喇叭，农夫即使把手机放在田间阡陌，也可以远距离听到电话声； 甚至青少年可以将这类型的手机在出游时当作手提式音响来播放音乐。另外，还有些专为年长者设计的手机，例如使用较大的按键、较大的字体和较大声的喇叭 。

## 四、为新兴产业发展营造公平市场环境：以金太阳工程为例

### （一）金太阳工程背景

在传能能源日益枯竭，及其对环境问题带来的负面影响日益凸显的情况下，太阳能作为一种可再生能源，其利用成为焦点。尽管在金融危机背景下，各国对太阳能产业的扶持力度仍然不断加大，2008 年日本发布了“太阳能发电普及行动计划”，确定太阳能发电量到 2030 年的发展目标要达到 2005 年的 40 倍；2008 年美国参议院通过了一揽子减税计划，其中将光伏行业的减税政策续延 2~6 年；法国宣布大幅度提高对大型商业屋顶系统所生成的太阳能进行补偿，加快太阳能发电设施的安装。

中国光伏产业凭借成本较低等优势发展迅速，2007 年，中国光伏电池产量首次超过德国和日本，居世界第一位，2008 年的产量达到 200 万千瓦，光伏电池产量占全球产量的比例也由 2002 年的 1.07% 增长到 2008 年的近 26%， 商业化晶体硅太阳能电池的效率也从 3 年前的 13%~14% 提高到 16%~17%。

但由于缺少有效的政策支持，中国光伏产业链陷入“两头在外”的困境，

即上游原材料的供应在国外，下游产品的需求在国外，美日欧占据了全球90%的市场，中国98%以上的光伏电池产品出口国外。为加快发展国内市场，促进国家光伏发电产业技术进步和规模化发展，培育战略性新兴产业，中央财政从可再生能源专项资金中安排一定资金，支持光伏发电技术在各领域的示范应用及关键技术产业化。2009年7月，财政部、科技部、国家能源局联合发布了《关于实施金太阳示范工程的通知》，启动金太阳工程，并计划在2~3年内，采取财政补助方式，支持总规模不低于500MW的光伏发电示范应用项目。

### （二）政策主要内容

**1.项目支持方式和补助标准**

金太阳工程的支持方式以项目补助为主，财政部、科技部、国家能源局组织对各省上报项目的技术方案、建设条件、资金筹措等材料进行审核。财政部根据项目的投资额和补助标准核定补助金额，并按70%下达预算。项目完工后，项目业主单位及时向省级财政、科技、能源部门提出项目审核及补助资金清算申请。财政部根据项目实际投资清算剩余补助资金。项目完工后，财政部、科技部、国家能源局委托有关机构对项目进行评审。有条件的地方可安排一定资金给予支持。

在实施过程中，根据工程实施和产业发展情况，对补贴标准和补贴方式等进行了调整。2009年《金太阳示范工程财政补助资金管理暂行办法》规定，重点扶持用电侧并网光伏，对并网光伏发电项目，原则上按光伏发电系统及其配套输配电工程总投资的50%给予补助；其中偏远无电地区的独立光伏发电系统按总投资的70%给予补助；对于光伏发电关键技术产业化和基础能力建设项目，主要通过贴息和补助的方式给予支持。2010年，《关于加强金太阳示范工程和太阳能光电建筑应用示范工程建设管理的通知》规定，用户侧光伏发电项目补贴比例为50%，偏远无电地区的独立发电项目为70%；示范项目建设的其他费用采取定额补贴。用户侧光伏发电项目4元/瓦（其中建材型和构件型光电建筑一体化项目为6元/瓦），偏远无电地区独立光伏发电项目10元/瓦（其中户用独立系统为6元/瓦）。2011年，《关于做好2011年金太阳示范工作的通知》规定，采用晶体硅组件的示范项目补助标准为9元/瓦，采用非晶硅薄膜组件的为8元/瓦；

2012 年 1 月 18 日，用户侧光伏发电项目的补助标准原则上由 9 元 / 瓦调整为 8 元 / 瓦。2012 年，《关于做好 2012 年金太阳示范工作的通知》规定，用户侧光伏发电项目补助标准为 7 元 / 瓦，2012 年 5 月 3 日下调至 5.5 元 / 瓦；与智能电网和微电网技术相结合的集中成片用户侧光伏发电项目补助标准在 7 元 / 瓦基础上，考虑储能装置配备等因素适当增加。2013 年，《关于清算 2012 年金太阳和光电建筑应用示范项目的通知》规定，2012 年金太阳示范项目在 2013 年 6 月 30 日（含）前完成并网发电的，按原补助标准 5.5 元 / 瓦进行清算；2013 年 12 月 31 日（含）前完成并网发电的，补助标准按 5 元 / 瓦进行清算；2014 年 6 月 30 日（含）前完成并网发电的，补助标准按 4 元 / 瓦进行清算。

**2.财政补助支持范围**

主要包括五类：第一，利用大型工矿、商业企业以及公益性事业单位现有条件建设的用户侧并网光伏发电示范项目；第二，提高偏远地区供电能力和解决无电人口用电问题的光伏、风光互补、水光互补发电示范项目；第三，在太阳能资源丰富地区建设的大型并网光伏发电示范项目；第四，光伏发电关键技术产业化示范项目，包括硅材料提纯、控制逆变器、并网运行等关键技术产业化；第五，光伏发电基础能力建设，包括太阳能资源评价、光伏发电产品及并网技术标准、规范制定和检测认证体系建设等。

**3.项目条件**

为达到项目在促进光伏产业发展和改善民生用电方面的效果，对所支持项目的规模、技术、供应商、并网等都做了要求。

在项目规模方面，2009 年规定，单个项目装机容量不低于 300kW；建设周期原则上不超过 1 年，运行期不少于 20 年；并网光伏发电项目的业主单位总资产不少于 1 亿元，项目资本金不低于总投资的 30%；独立光伏发电项目的业主单位，具有保障项目长期运行的能力。2011 年和 2012 年，相关规定有所调整。2011 年集中建设单个装机容量不低于 10MW，分散建设不低于 300kW，2012 年集中建设单个装机容量不低于 10MW，分散建设不低于 2MW。

在项目实施单位方面，从 2011 年起，项目实施单位必须是自建自用的店里用户、专业化的能源服务公司、配电网（微电网）投资经营主体之一。

在技术方面，光伏发电产品及系统集成具有先进性；采用的光伏组件、控制器、逆变器、蓄电池等主要设备必须通过国家批准认证机构的认证；并网项目满足电网接入相关技术标准和要求；配置发电数据计量设备，并正常运行。

在供应商方面，规定光伏发电项目的系统集成商和关键设备应通过招标的方式择优选择。2010 年 9 月，在《关于加强金太阳示范工程和太阳能光电建筑应用示范工程建设管理的通知》中又进一步明确规定，对金太阳工程关键设备光伏电池组件、逆变器和铅酸电池的供应商的资格由公开招标确定。2012 年开始关键零部件由项目实施单位自主采购。

在并网方面，用户侧并网的光伏发电项目所发电量原则上自发自用，富余电量及并入公共电网的大型光伏发电项目所发电量均按国家核定的当地脱硫燃煤机组标杆上网电价全额收购。

**4.项目终止**

2013 年 3 月，财政部决定不再对金太阳工程进行新增项目审批，同时，5 月下发了《关于清算金太阳示范工程财政补助金的通知》，对 2009—2011 年金太阳示范工程财政补助资金进行清算，没有按期完工的项目要求取消示范工程，收回补贴资金，而对没有按期并网的项目，则将被暂时收回补贴资金，待并网发电后再来函申请拨付。上述决定意味着金太阳工程即将结束。

尽管金太阳工程结束，但是国家对光伏产业发展的支持政策仍不断继续和完善。2013 年 8 月，发展改革委发布的《关于发挥价格杠杆作用促进光伏产业健康发展的通知》规定，对光伏电站实行分区域的标杆上网电价政策。根据各地太阳能资源条件和建设成本，将全国分为三类资源区，分别执行每千瓦时 0.9 元、0.95 元、1 元的电价标准。对分布式光伏发电项目，实行按照发电量进行电价补贴的政策，电价补贴标准为每千瓦时 0.42 元。

## （三）政策效果

**1.人人参与——促进光伏产业发展**

从 2009 年到 2012 年，金太阳工程分四期，共开展 900 多个示范项目，各年设计装机总规模分别为 642 MW、272 MW、700 MW、4.54 GW，项目累计设计装机总量近 6GW，中央财政补贴达 200 余亿元，为国内企业光伏新技术发展和应用创造了良好的市场环境，培养了一批光伏电站设计、规划、运营的企业，也在国内形成了一套完整的光伏电站产业链和运营模式。

创造新兴产业市场。金太阳工程为启动国内光伏产业市场发挥了带动作用，在近两年国内光伏产业遭欧美市场“双反”调查的环境下，缓解了国内光伏企业严重依赖国外市场的局面，为国内光伏产业发展创造了市场条件，尤其是2012年4.54GW的工程规模，占当年中国光伏市场近一半，帮助国内光伏企业渡过市场寒冬。

降低产业成本，提升太阳能用电竞争力。随着市场的扩大，规模效应显现，国内光伏系统的建设成本大幅下降，以并网光伏发电系统为例，电站建设投资从2009年的近30元/瓦下降到2011年底的13元/瓦，到2013年下降到8~10元/瓦。

带动产业链各环节发展。项目实施初期，为了在确保工程质量的前提下，鼓励用户使用国产关键零部件，2010年，国家财政部、科技部、国家能源局对金太阳工程中所需的关键设备的供应商进行招投标，评选出3家光伏组件生产企业、8家逆变器生产企业和5家蓄电池生产企业作为金太阳工程的合格供应商。2011年合格供应商范围进一步扩大，促进了一批光伏产业核心产品相关企业的快速发展。2012年开始，项目实施单位可以自主选择关键设备供应商，国产关键设备供应商竞争力进一步提高。在金太阳政策的支持下，国内自主产品在中国光伏市场中所占的份额超过90%。

**2.人人分享——改善用电条件**

金太阳工程建设发挥了太阳能利用在节能环保和改善偏远地区用电环境方面的积极作用，更多人分享了新技术为提高人类生活质量带来的好处。

促进节能减排。金太阳工程支持发电规模近6GW，若项目全部并网发电，可达1650亿度，节约标煤5442万吨，减排二氧化碳1.65亿吨，将为促进中国节能减排和可持续发展提供支撑。

改善偏远地区用电。金太阳工程支持了一批荒漠并网、建筑一体化、园区集中连片式光伏发电项目，以2011年为例，该年金太阳示范项目中，偏远无电地区独立光伏电站15个项目，分布在甘肃、青海、西藏、新疆、内蒙古、湖南和云南7个省，项目装机容量31095kW。这些偏远无电区的独立光伏项目，将为偏远地区人们送去电力，能够大大改善当地人民的生活条件和生产条件，加快无电区经济社会的发展[①]。

为用户创收。金太阳工程与农业结合，可通过农业规模化应用和土地资源集约化为农户创造良好的经济收益。例如，青岛即墨市普东镇华盛绿能太

---

① 资料来源：科技部网站。

阳能生态园，采用全光谱透光率 5%~12% 的非晶硅薄膜太阳能电池作为棚顶材料，利用薄膜分光技术、LED 夜间补光，技术和物联网智能控制技术，同时采用了地源通风、自动滴管等现代农业技术，实现“棚顶太阳能发电、棚内发展生态农业”的有机结合，极大提高生态农业的种植效益。项目光伏发电系统年均发电量 1255 万千瓦时，每年可实现生态农业和光伏发电综合收入 3240 万元①。

### （四）案例：青海金太阳工程②

青海偏远无电地区地处高寒，且均为藏区，交通不便，居住分散，经济发展严重滞后。长期以来，因无电、缺电，广大群众用能单一，基本以蓄粪和薪柴为主要能源，制约经济社会发展，广大牧民群众对电力需求十分迫切。

为改善无电地区人民生产生活条件，解决无电人口用电问题，青海省组织实施国家金太阳示范工程项目。2009 年到 2012 年，青海省共组织申报项目 61 项，国家立项 24 项，总装机容量 89 MW。到 2013 年 10 月，获得中央财政建设补助资金合计 13.74 亿元，涉及光伏电站、户用电源、通讯基站和光伏提水灌溉等项目，基本解决了青海省无电地区农牧民基本生活用电问题。

据统计，全省共实施 93 座光伏电站、109811 套户用电源、352 座通信基站和 264 套光伏提水系统，装机容量分别为 59.7MW、19.8MW、2.9MW 和 6.6MW。已在玉树州实施光伏电站 24.075MW，户用电源系统 36980 套，解决 8 万户农牧民用电。其中，应用先进的双向变流器技术和锂离子电池，在玉树县、称多县、曲麻莱县、治多县和杂多县分别实施装机容量 2MW、8.37MW、7.21MW、 2.4MW 和 3.87 MW 的微网水光互补光伏电站各 1 座，实施装机容量 1.34MW 的离网光伏电站 33 座。果洛州已实施 51 座光伏电站，总装机容量 12.27MW，38534 套户用电源。其中 2012 年建成 31 座光伏电站，装机容量 4620 kWp，32000 套 100W 户用电源；2013 年建成 20 座光伏电站，装机容量 7650 kWp，6543 套 320W 户用电源，项目的建成可全部解决果洛州无电地区各事业单位、学校、农户及部分寺院的用电问题。实施电信通信基站 352 座，弥补了果洛州和玉树州乡级以上电信基站通信信号不足的局面。

---

① 张风祥，等 . 国家金太阳工程光伏生态农业大棚示范项目 [J]. 农业知识，2013（8）：38.

② 资料来源：科技部网站。

海南州和黄南州分别实施 15706 套和 14524 套户用电源系统，基本做到了全州无电地区农牧民用电全覆盖；同时海南州实施了青海省唯一一座金太阳项目支持的 5MW 并网光伏电站，其中包括 2MW 双轴跟踪系统、2MW 单周跟踪系统、1MW 固定支架系统。海西州实施太阳能光伏提水系统 264 套，预计可覆盖灌溉 农田 10 万亩，有效解决了无电地区生产生活用电；另外在天峻县在建 2 座光伏电站，装机容量 842.8 kWp，1750 套 300W 户用电源，并建成 51 座人畜饮水机井，在解决当地居民生活用电的同时解决了人畜饮水问题，效果显著。海北州祁连县已实施 2308 套 200W 户用电源，目 前正在建设 2 座光伏电站，装机容量 4087 kWp。西宁市已在青藏高原农副产品集散中心实施 431kW 用户侧并网光伏电站，在阳光能源（青海）有限公司实施 300kW 用户侧并网光伏电站，年发电量 约 188 万千瓦时。

# 第六章 中小微企业发展

促进中小微企业可持续健康发展是包容性创新的重要内容，中小微企业数量众多，但由于市场竞争能力不足、进入门槛较低以及信息不对称等因素影响，在经济社会发展过程中处于“弱势”地位，许多国家都通过政府多样化手段促进中小企业发展。中小企业不仅能为绝大多数普通甚至低收入人群带来大量就业机会，促进社会稳定健康发展，同时，也是社会创新的重要动力，为中国市场大量低收入消费者提供了多元化的产品和服务，进一步提升了生活质量。国内外经验表明，大企业的垄断性地位及因此产生的大规模超额收益限制了其科技创新的活力和能力，因此，美国、英国等发达国家都长期致力于促进中小企业发展。从全球范围来看，中小企业一直是科技创新和成果转化的重要先驱。在过去的 20 年里（1992—2012 年），小企业创造了美国超过三分之二的新增就业岗位，2800 万家小企业雇用了 6000 万美国人，占私人部门劳动力的 50%，涌现出了如 Microsoft、Google、Apple、Amazon、Facebook 等一批国际知名的科技企业，这些最初都是名不见经传的中小企业，但却几乎都是通过一类新技术的原创性、自主性发明及应用，进而引领了一个新兴产业的发展，给人类带来了生活便利和革新。

从国外实践来看，为解决由于市场失灵造成的中小企业融资难问题，许多国家都建立了相应的政府专项资金，专门用于支持中小企业创新创业发展。如美国中小企业局（SBA）设立小企业创新研究计划（SBIR）、小企业技术转移计划（STTR）和小企业投资公司计划（SBIC），法国创新署（ANVAR）设立中小企业创新资金，日本国家产业技术综合研究所启动创新启动中心计划（AIST-INCS），以及芬兰国家研发基金（SITRA）、芬兰国家技术局（TEKES）中小企业创新政策和措施等。

## 一、中国中小企业财政政策

当前，中国中小企业和非公有制企业数量超过4000万户，占全国企业总数的99.8%，其中，在工商部门注册的中小企业达1000多万户、个体经营户3000多万户，对GDP的贡献超过60%，税收超过50%，提供了近70%的进出口贸易额，80%左右的城镇就业岗位，以及66%的发明专利，82%的新产品开发。中小企业发展对中国实施自主创新战略意义重大。

中国政府采取了一系列措施促进中小企业创新创业发展。如通过税收政策为中小企业减税减负；简化行政审批环节，提升中小企业市场活力；在金融、社会服务等方面创新体制机制，为中小企业提供融资、技术、人才等多元化服务等。借鉴国际通行原则，中国政府也通过设立财政专项资金，直接对中小微企业给予支持。如1986年设立的星火计划，直接支持中国农村乡镇企业发展，促进了中国特色社会主义市场经济的发展；1988年，国家科委设立了火炬计划，以高新技术革新商品的产业化、高新技术产业化的国际化为宗旨，促进了科技与经济的结合，推动了中国高新技术产业化的发展；经国务院批准，科技部、财政部于1999年设立了中央层面第一支面向中小企业的财政专项资金——科技型中小企业技术创新基金，专门促进中小微企业技术创新；2001年，中央财政设立了农业科技成果转化引导基金，在农业领域推动中小微企业、科研院所等成果向现实生产力转化和产业化；为应对国际金融危机，促进中小微企业可持续健康发展，2010年，工信部、财政部设立了中小企业发展专项资金，不仅直接支持中小企业发展，同时也支持各类中小企业服务机构，为中小企业营造发展环境。截至2013年底，中央财政面向中小微企业的各类专项资金规模已达到约150亿元。在中央财政资金的带动下，地方政府也纷纷设立各类促进中小企业创新发展的专项资金，规模达数百亿元。

## 二、科技型中小企业技术创新基金

1999年，国务院办公厅转发《科技部、财政部关于科技型中小企业技术创新基金的暂行规定的通知》（国办发〔1999〕47号，以下简称“《暂行规定》”），设立了科技型中小企业技术创新基金（以下简称“创新基金”），目的在于支持科技型中小企业技术创新、促进科技成果转化。之后，科技部陆续出台了相关配套政策。2005年，为规范创新基金科学、规范管理，科技部、财政部联合出台了《科技型中小企业技术创新基金财务管理暂行办法》（财企〔2005〕22号）、《科技型中小企业技术创新基金项目管理暂行办法》（国科发计字〔2005〕60号）。为进一步推动创新基金市场化改革，提升财政资金使用效率，2007年，科技部、财政部出台了《科技型中小企业创业投资引导基金管理暂行办法》（财企〔2007〕128号），设立了科技型中小企业创业投资引导基金（以下简称“引导基金”），利用创业风险投资机制，引导和带动社会资本参与创新创业。

### （一）功能定位

创新基金旨在增强科技型中小企业自主创新能力，引导地方、企业、创业投资机构和金融机构加大对科技型中小企业技术创新的投入，不断改善科技型中小企业技术创新环境。

创新基金按照市场经济的客观规律进行运作，支持创新，鼓励创业。创新基金主要支持三方面重点项目。一是重点支持处于创业初期、商业性资金进入尚不具备条件、最需要由政府扶持的科技型中小企业技术创新项目；二是对符合条件的服务机构为中小企业技术创新创业开展的基础性、公益性和开放性的专业技术服务给予资助；三是利用市场化机制，通过阶段参股、风险补助和投资保障支持方式，对投资于初创期科技型中小企业的创业投资机构给予支持。

创新基金实施以来，探索了具有中国特色的财政专项资金支持中小企业技术创新的管理模式和运行机制，支持了一大批具有创新能力和发展潜力的中小企业，促进了科技成果转化和产业化，提升了企业技术创新水平，鼓励了高端人才的创新创业及就业，为促进经济又好又快发展做出了重要贡献。目前，创新基金已经成为国家创新体系的重要组成部分，是中国政府支持科技型中小企业发展的主要渠道之一。

按照党的十八大三中全会精神和全国科技创新大会精神，以强化企业技术创新主体地位、激发中小企业创新活力为核心任务，科技型中小企业技术创新基金深入实施创新驱动发展战略，通过深化创新基金管理改革，扩大创新基金预算，充分发挥财政资金的引导和带动作用，扩大创新基金社会经济影响，营造中小企业创新创业环境，改善科技型中小企业融资条件，提升中小企业的科技创新能力，促进产业结构调整，并取得了较好的成效。

## （二）现状及成效

自1999年设立以来，创新基金预算规模稳步增长，特别是2008年国际金融危机爆发后，党中央、国务院出台了一系列支持中小企业创新创业发展的政策措施，创新基金预算规模快速增长，已从1999年的10亿元增长至2012年的43.7亿元（图6–1）。

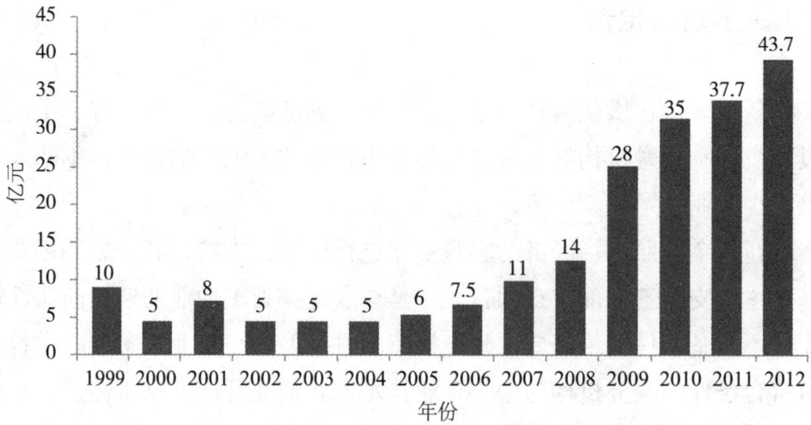


图6–1 1999—2012年创新基金预算规模

截至2012年底，创新基金累计财政投入达220.9亿元，立项达39836项，累计支持科技型中小企业数量超过30000家（次），直接带动社会资本超过1500亿元；支持各类技术创新服务机构（平台）数量近1800家（次），间接为超过151万家科技型中小企业提供超过3029万次技术创新服务，培训182万人次；支持创业投资机构项目超过1100项，直接带动社会资本超过100亿元；示范引导地方政府设立各类创业投资引导基金，间接带动社会资本规模超过1500亿元，有效促进了中国科技型中小企业创新创业发展，加快了科技成果向现实生产力转化，推动了战略性新兴产业的培育和发展。

**1.技术创新方面**

（1）企业自主创新能力显著增强。一是研发投入水平整体提升。2008—2012年立项支持的21182家企业平均研发投入占营业收入的比重达10.78%，远高于创业板上市公司平均5%以及中小板上市公司平均2.5%的水平。二是知识产权数量显著增加。截至 2012 年底，21182 家企业已获专利授权 41196 个，其中发明专利授权数为 10357 个，软件产品著作权 10908 项，软件产品登记 5177 项。三是技术层次显著提高，形成一大批国内外领先的技术成果。如创新基金立项支持研发的智能终端安全控制 SoC 芯片，可实现更高速的信息处理和更高的安全性，填补了中国在该领域的空白，提高了中国密码安全水平。

（2）成果转化和产业化进程不断加速。2008—2012 年立项支持的 21182 家企业立项时有 4774 项处于研发阶段、15587 项处于中试阶段、821 项处于批量生产阶段。经过项目实施，截至 2012 年底，已有 12624 项（占 59.60%）进入了批量生产阶段，处于中试阶段和研发阶段的项目仅为 8016 项和 542 项，共计已有 17953 个（占 84.76%）项目的产品进入市场形成收入。

**2.企业成长方面**

创新基金支持的企业经济社会效益不断提升，各相关经济指标持续增长，彰显了创新基金在促进企业成长、提升企业市场竞争能力和市场价值方面的积极作用。

截至 2012 年底，2008—2012 年立项支持的 21182 家企业年营业收入由立项时 3603 亿元增加至 6127 亿元，增幅超 70%，平均每家企业增加 1191.9 万元；企业年出口创汇额由立项时 41.27 亿美元增加至 71.62 亿美元，增幅达 73.53%，平均每家企业增加 14.33 万美元；企业年净利润由立项时 344.92 亿元增加至 618.39 亿元，增幅达 79.29%，平均每家企业增加 129.11 万元；企业年缴税金由立项时 227.53 亿元增加至 379.16 亿元，增幅达 66.65%，平均每家企业增加 71.59 万元（表 6–1、图 6–2）。

表 6–1 2008—2012 年创新基金资助企业立项前后总体经济效益比较

| 年度 | 营业收入（亿元） | | 出口创汇（亿元） | | 年净利润（亿元） | | 年缴税金（亿元） | |
|---|---|---|---|---|---|---|---|---|
| | 立项时 | 立项后汇总 | 立项时 | 立项后汇总 | 立项时 | 立项后汇总 | 立项时 | 立项后汇总 |
| 2008 | 359 | 803 | 3.76 | 11.60 | 36.28 | 66.21 | 26.33 | 49.86 |
| 2009 | 813 | 1331 | 9.82 | 12.78 | 85.87 | 134.35 | 57.74 | 95.64 |
| 2010 | 1314 | 2276 | 14.72 | 26.70 | 126.54 | 245.07 | 81.13 | 147.29 |
| 2011 | 1935 | 3140 | 20.76 | 39.13 | 164.34 | 320.96 | 131.83 | 192.08 |
| 2012 | 3603 | 6127 | 41.27 | 71.62 | 344.92 | 618.39 | 227.53 | 379.16 |

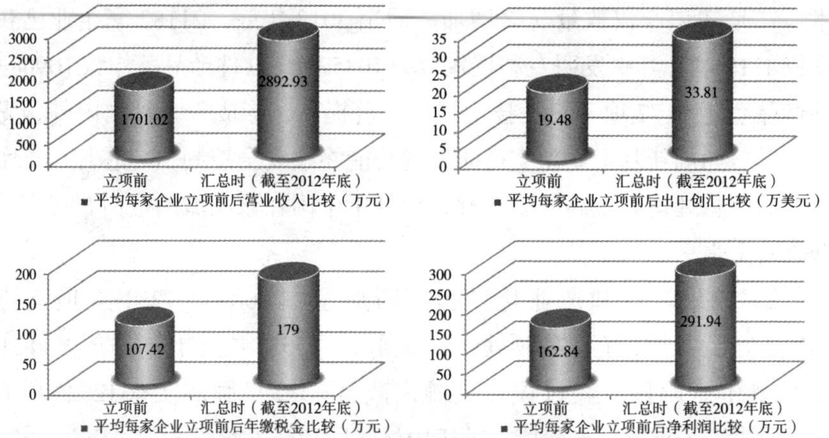


图 6-2　2008—2012 年创新基金资助企业立项前后经济效益变化情况

**3.产业发展方面**。

（1）培育和发展战略性新兴产业。战略性新兴产业具有技术路线多变，市场前景难以预测的特征，通过创新基金培育一批创新能力强，对市场需求反应敏感的中小微企业，发挥它们"船小好调头"的特点，鼓励它们按照市场导向，动态调整适应市场需求，创新产品和商业模式，成长为"顶天立地"的"小巨人"。截至 2012 年底，创新基金在监理项目中，涉及战略性新兴产业的光机电一体化项目为 4173 项，电子信息项目 3463 项，生物医药项目 1308 项，新材料项目 2172 项，资源与环境项目 1360 项，新能源与节能项目 1186 项。

（2）促进传统产业优化升级。针对传统行业整体技术水平偏低，企业单独创新能力不足等特点，创新基金加大了对传统产业中专项技术服务、创新资源共享服务、技术转移服务的支持力度，充分发挥辐射带动作用，以点带面，推动传统产业技术水平优化升级。

**4.人才就业方面**。

（1）创造就业机会，促进创新创业。截至 2012 年底，2008—2012 年立项支持的 21182 家企业立项时企业职工总数为 1287263 人，经过项目实施，企业职工总数达到 1851867 人，新增就业 564604 人，企业职工总数平均增长 43.86%，平均每家企业新增就业 26 人。创新基金针对大学生创新创业也发挥了积极作用。

（2）优化人才队伍结构。截至 2012 年底，与立项时相比，2008—2012 年立项支持的21182家企业博士学历人员增加6675人，硕士学历人员增加27738人，本科学历人员增加165669人。

**5.融资渠道方面**

（1）引导和带动社会资金多元化投入。在创新基金支持下，各类投资主体增强了投资信心，积极介入并形成了稳定的资金流（见图6–3）。2008—2012年，创新基金的整体资金放大比例达到1 ∶ 9，有效整合了多方资源，拓宽了中小企业的融资渠道和空间。

（2）助推企业进入资本市场。在创新基金支持下，企业的市场价值和社会影响不断提升，并逐步实现与资本市场对接和跨越式发展。截至2012年底，355家创业板上市公司中，获得过创新基金早前期资助的中小企业有113家，占创业板上市公司总数的31.83%。

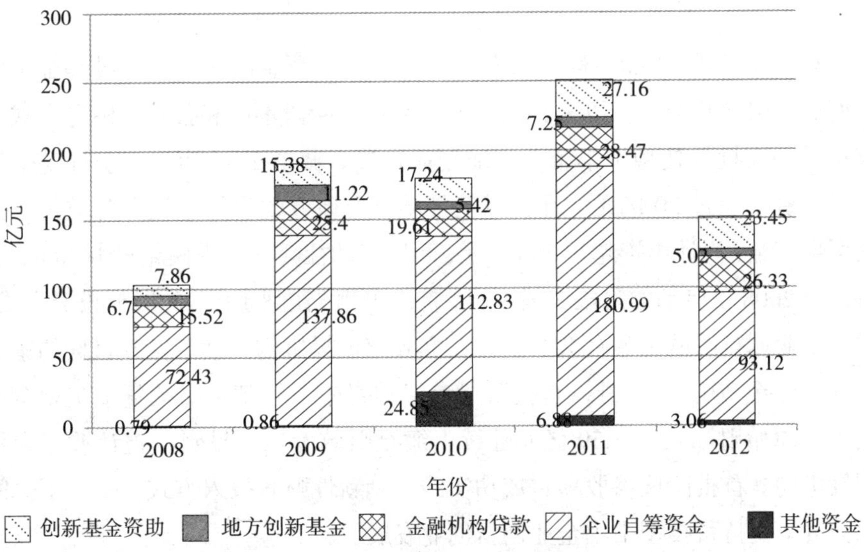


图6–3　2008—2012年创新基金资助项目资金来源情况

**6.关键领域应用方面**

创新基金项目的有效实施，为企业实现技术突破、产品升级注入了新动力，一大批技术先进、质量过硬的产品脱颖而出，应用到国内外重大工程项目中。例如，大连力德气体分离技术有限公司承担的“炭黑生产中利用富氧空气助燃新工艺新技术”项目，成功应用于工业和民用锅炉的富氧助燃、炭黑生产、玻璃窑池富氧局部助燃等行业，为某炭黑生产企业提供的

4500Nm$^3$/h 的富氧发生系统，是国内最大的富氧发生装置，从根本上改变了传统的炭黑生产工艺，并且大大抬高了炭黑的生产品质；河南省三门峡恒生科技研发有限公司承担的“清洁镀金——柠檬酸金钾”项目于 2012 年顺利通过验收，以柠檬酸金钾产品为核心的清洁镀金技术逐渐得到国家有关部委和市场的双重认可，成功应用于“神舟五号”“神舟六号”“神舟七号”“嫦娥一号”“嫦娥二号”“天宫一号”“神舟八号”和 2012 年发射成功的“神舟九号”；深州市工程塑料有限公司的聚乙烯高耐磨滑板项目，大幅面模压成型技术，实现产品高耐磨、自润滑，产品替代进口并打入国际市场，成功应用到铁路客运专线建设中。

### （三）成功案例——科技型中小企业创业投资引导基金阶段参股项目

自 2007 年财政部、科技部设立科技型中小企业创业投资引导基金（以下简称“引导基金”）以来，通过风险补助、阶段参股和投资保障等方式，支持了一大批科技型中小企业创新创业发展。截至 2012 年底，引导基金累计投入资金超过 20 亿元，在其示范带动下，地方政府纷纷设立各类创业投资引导基金，累计出资超过 260 亿元，间接带动社会资本规模超过 1400 亿元。特别是 2008 年启动的阶段参股项目，首次采用“让利于民”的股权投资方式，联合专业创投团队募集社会资金，设立 6 家创投机构。随着实施目标的基本实现，截至 2012 年 9 月，首批阶段参股项目中引导基金财政资金实现全部退出，原始财政投入 1.59 亿元陆续上缴至财政专户，投资收益让渡于合作创投机构。首批阶段参股项目成功实践了创新性财政投入方式，带动了民间社会资本支持科技型中小企业创新创业发展。

一是发挥财政资金杠杆作用和引导作用，有效满足科技型中小企业融资发展需求。截至 2011 年底，6 家创投机构累计募资 13.5 亿元，其中带动社会资本 11.89 亿元，直接放大比例约 7.4 倍；此外，也吸引了其他投资机构的联合投资近 30 亿元，引导基金的二次放大比例达 19 倍，间接带动了更多社会资金投资科技型中小企业。6 家阶段参股创投机构已累计投资 76 家企业，其中投资科技企业数量和金额分别占 94.7% 和 87%，超额完成政策性目标，还有许多企业在投资协议中明确了未来几年的后续增资计划。案例：江苏高投中引导基金出资 5500 万元，直接带动外部投资 2.5 亿元，杠杆比例约 5 倍；

还吸引各类社会创投资本联合投资达到6亿元左右，二次放大比例约11倍；此外，被投资企业经过多轮融资、上市，进一步带动了社会资金对科技型中小企业的投资。

二是引入增值服务，提升企业自主创新能力和核心竞争力。阶段参股创投机构通过规范管理制度、整合外部资源、寻求后续融资等措施，带动了科技型中小企业的技术创新，提升了企业核心竞争能力，帮助企业逐步成为所属行业的龙头企业。大量自主研发成果获得专利授权，许多自主品牌创新产品填补了国内空白，打破了国外垄断，提升了市场竞争力，促进了战略性新兴产业的培育和发展。案例：如被投资企业苏州能健电气有限公司成为国内风电变桨控制龙头企业；长沙岱勒新材料科技有限公司研发的金刚石线，打破了日美企业垄断；常州苏晶电子材料有限公司研制的高附加值靶材，解决了国内显示器厂商高端靶材受制于外的局面；奥泰国际成功生产出1.5T的超导磁体，打破了GE、西门子等国际寡头的垄断，已获得中国SFDA整机的注册证书，成为目前唯一实现高场MRI整机所有部件中国本地化生产的企业；马鞍山市华骐环保科技发展有限公司参加编制的3个国家、行业标准均已颁布实施。

三是提升创投机构经济收益和品牌价值。首批6家创投机构投资企业中，已有6家企业分别在国内创业板、中小企业板市场挂牌交易，首发融资额超过57亿元。这些企业的成功上市，不仅使自身进入高速成长轨道，也为投资者带来了丰厚的投资回报，提升了阶段参股创投机构的品牌价值。案例：江苏天瑞仪器在江苏高投投资后一年多时间就成功在创业板上市，为投资者带来丰厚回报。

四是对接国家科技计划，发挥政府与市场协同效应。在首批阶段参股项目投资案例中，一大批企业曾获得国家科技计划立项扶持。这些在成长早期阶段获得政府扶持的企业，研发能力不断加强，形成了一批具有自主知识产权的科技成果。在获得创业投资后，资金实力又得以加强，自主研发投入持续加大，科技成果转化的速度和效率也不断提升，形成了政府资金早期资助与市场资金后期跟进协同促进科技型中小企业发展的高效模式。案例：合肥华升泵阀有限责任公司于2007年获得国家科技计划支持，以及其他多项省部级项目，2009年经汇智创业投资有限公司投资后，企业实现了重要设备装置的完成和投入使用，此外，还改善了企业的投融资环境，促进了企业的科研开发，目前该企业拥有13项专利，其中10项为发明专利，主持或参与制定国家标准 10 项。

五是引领行业投资方向，培养创业投资专业人才。引导基金积极倡导早期（长期）投资、专业化投资和增值服务理念，首批 6 家阶段参股创投机构不仅完全按照该理念投资运作，并且在实践中不断强化早期投资能力和经验，培养专业人才队伍。其中 3 家新组建的创投团队经过三年实践，人员数量不断扩增，投资管理经验日益丰富，在行业中的口碑和知名度也得以提升。案例：江苏高投管理团队积极响应引导基金倡导的长期投资和专业化投资的理念，逐步打造出国内分工最细、行业覆盖最全的投资管理团队，还组建了研究发展部和国家级博士后研究工作站，就股权投资的市场环境、行业政策、机构运作、投资实务、产品创新等诸多课题开展了深入细致的研究，从而为投资初创期以及更早期的项目提供了行业研究支持和理论依据。

## 三、农业科技成果转化引导基金

2001 年，为加速农业科技成果转化，提高国家农业科技创新能力，科技部、财政部在全国农业科技大会召开和《农业科技发展纲要》发布之后，经国务院批准，发布了《农业科技成果转化资金项目管理暂行办法》（国科办财字〔2001〕417 号），设立了“农业科技成果转化资金”（以下简称“农转资金”）。为进一步规范农转资金管理，科技部、财政部于 2002 年发布了《农业科技成果转化资金项目监理和验收办法》（国科发农社字〔2002〕370 号）。农转资金的设立是贯彻全国农业科技大会精神，落实农业科技发展纲要的重要举措，是中央政府增加农业科技成果转化的资源配置，提高农业研究成果创新性开发能力的有力措施。

### （一）功能定位

农业科技成果转化资金是国家财政支持农业、水利、林业等科技成果进入生产的前期性开发、中试、熟化环节的唯一引导性资金，由科技部、财政部共同管理。项目支持对象主要为农业科技型企业，鼓励产学研结合，鼓励科技成果的持有单位以技术入股等多种形式参与成果转化和市场竞争，鼓励科研机构和大学通过创办企业的方式申报转化资金项目；以社会效益和生态效益为主、公益性强的转化资金项目，可由科研单位和大学承担。转化资金坚持“需求引导、分层管理、权责明确、规范高效”的管理思想，遵循公开、公平、公正、竞争、择优的原则，以涉农科技型企业及科研机构为主体，鼓励产学研有机结合，通过无偿资助等方式，吸引地方、企业、科技开发机构和金融机构等渠道的资金投入，为使科技成果走出实验室，推动农业科技成果向现实生产力转化架设一座桥梁。

## （二）现状及成效

截至 2013 年底，中央财政累计投入农业科技成果转化资金 41.5 亿元，共立项资助 6386 个项目（图 6-4）。通过项目的实施，促进了农业科技与农业生产的紧密结合，对保障粮食安全和主要农产品供应发挥了重要作用，提升了涉农企业技术创新主体地位，促进了农业产业结构优化升级，形成了一批具有产业化基础的新技术成果，促进了农业增效、农民增收，发挥了国家财政资金的引导带动作用，建立了多元化的农业科技成果转化投入机制，经济效益、社会效益和生态效益十分显著。

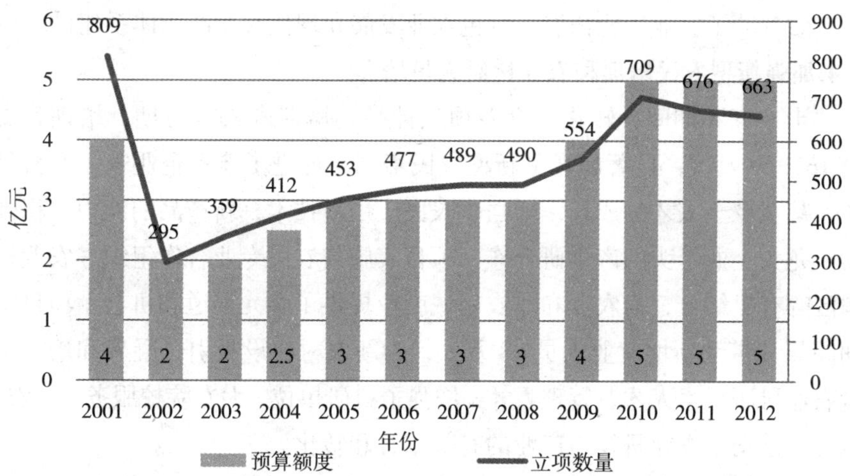


图 6-4　2001—2012 年农转资金预算规模及立项数量

**1.提升农业科技自主创新能力**

据不完全统计，2006 年以来，转化资金项目执行期内，共开发动植物新品种 1457 个、新产品 946 个、新设备 867 台（套）、新材料 294 种、新技术工艺 3016 项；累计获得专利 1340 项，其中发明专利 722 项，一大批新品种、新技术、新材料、新工艺、新产品在生产中得到了实际应用，显著增加了农产品产量。同时建立试验示范区（基地）12284 个、中试线 2546 条、生产线 1292 条，进一步改善了农业生产环境条件，有力地推动了农村经济持续增长和农民收入水平的提高，农业科技自主创新能力进一步增强。

**2.提升涉农企业创新主体地位**

依靠科技成果转化，降低生产成本，提高产品质量，转化资金大幅度提高了企业竞争力，提升了涉农企业的创新主体地位。2006 年以来，企业承担转化资金项目数占项目总数的 46.03%，其中 70% 的成果来源于农业科研单位和大专院校，项目的实施有效促进了产学研的有机结合，促进了企业整体效益的提高和可持续发展能力的提升。

**3.加强支持农业发展的薄弱环节和战略领域**

2006 年以来，转化资金投入种植业的资金超过转化资金总额的 1/3，对于提高主要农产品产量和质量发挥了重要作用。同时还重点支持了林业、畜牧业、水产业、植物保护、农业资源高效利用、农产品加工、农林生态环境、农业装备、农业信息技术、生物技术与产品等领域，惠及农业产业链不同环节，突出加强了对农业发展薄弱环节、关键领域和农业结构战略性调整的支持，有效带动了农业功能拓展、特色农业发展和现代农业产业体系建设。

**4.加强新型农民培训和农业科研人员培养**

“十一五”期间，转化资金专项累计举办培训班 8.64 万期，培训各类人员 1620 万人次，显著加强了新型农民培训，促进了涉农企业家、农村科技能人甚至乡土人才的成长，增强了农民应用新技术、新产品的能力；积极鼓励由龙头企业牵头的产学研合作，项目实施与农民专业合作组织、农业科技园区等有机结合，为农业和非农领域就业提供了多元渠道和机会，项目实施期间累计带动新增就业人员 98 万人；为新农村建设吸引、凝聚和培养了大量农业科研技术人才及管理人才，增强了科研单位、大专院校服务“三农”的能力，推动了农业科技与产业的有效结合和转化。

**5.提高农村经济整体素质和发展质量**

农转资金通过组织实施优质、高效、安全农产品生产和重大动植物疫病防控等项目，还为城乡消费结构升级提供了大量安全的农副产品。通过实施农林生态保育、恢复与治理、绿色社区以及水资源可持续利用等项目，培育了一批循环农业、节能减排等技术领域的后续熟化和配套项目，有效防止了土地退化，提高了农林水资源的综合利用效率，改善了农业生态环境，减少了农业面源污染和农村生活污染，为保护农村环境资源、提高生态效益发挥了重要的引导示范作用。

### （三）成功案例——“优质高产玉米系列新品种中试与示范”

“优质高产玉米系列新品种中试与示范”重大项目由北京金色农华种业科技有限公司主持实施，北京德农种业与联创种业参与，项目执行期为2011年4月至2013年4月，项目完成了对优质高产玉米系列新品种农华101、联创5号、锐步1号的中试与示范推广。项目总经费1450万元，其中国拨经费300万元，企业自筹经费1150万元，全部按时到位，项目经费总支出1450万元。项目实施以来科技成果不断熟化，实施单位做了大量的配套技术研究、田间试验和技术推广工作。包括：农华101制种的膜下滴管技术、错期改同期播种技术，机械化去雄；全程机械化、自动化制种技术体系建设，已集成了制种技术与质量控制技术、配套栽培技术及示范推广网络体系建设；研究建立了联创5号适时早播、合理密植、高产田两次施肥、拔节与花期灌水、病虫害综合防治等高产高效栽培技术体系，并示范推广；德农种业锐步1号制定科学的玉米种子生产技术操作规程，建立制种亲本原种、亲本种子生产技术操作规程；对制种田亲本种子采取包衣处理，制种田采用地膜覆盖技术以及测土配方施肥；利用果穗烘干塔对收获后的种子进行烘干处理。项目执行期间，建立玉米种子精选加工生产线2条（北京怀柔及甘肃武威），共生产良种3272万公斤，建立实验示范基地880个，推广面积1526万亩，累计销售收入39247万元，净利润8408万元，新增就业221人，培训人数26.4万人次，达到项目考核指标，具有良好的经济、社会效益。

## 四、星火计划

星火计划是经中国政府批准实施的第一个依靠科学技术促进农村经济发展的计划，是中国国民经济和科技发展计划的重要组成部分。20世纪70年代末期，中国经济体制的改革率先在农村起步。家庭联产承包责任制的建立，激发了亿万农民劳动致富的热情，使中国农村生产关系发生了一次重大变革。进入20世纪80年代以后，乡镇工业发展迅猛，农业经济空前活跃。农业生产的专业化、商品化使农民越来越认识到科学技术的重要性，从而使农村普遍产生了对科学的需求和渴望。1985 年 3 月，中国政府在全国实行科技体制改革，进一步明确了"经济建设必须依靠科学技术，科学技术工作必须面向经济建设"的科技发展方针，为广大科研院所和科技工作者面向农村经济主战场、向农村推广科技成果、帮助农村发展经济提供了契机。中国是一个农业大国，解决农业、农村和农民问题是实现中国现代化的关键，从这个基点出发，顺应全国经济体制改革的形势和农村生产力发展的需要，1985 年 5 月，国家科委向国务院提出了"关于抓一批短、平、快科技项目促进地方经济振兴"的请示，引用了中国的一句谚语"星星之火，可以燎原"，因而被誉为"星火计划"，意为科技的星星之火，必将燃遍中国农村大地。1986 年初，中国政府批准实施这项计划。

### （一）发展历程

星火计划是中共中央、国务院 1986 年批准实施的第一个面向三农的政策引导类科技计划，其宗旨是把先进适用的科学技术引向农村，引导亿万农民依靠科技发展农村经济，促进乡镇企业科技进步，提高农村劳动生产率，推动农业和农村经济持续、快速、健康发展。星火计划的主要任务是：引导农村发展社会主义市场经济，促进农村转变经济增长方式，依靠科技进步提高劳动生产率和经济效益，引导农民转变传统的生产和生活方式；建设一批以科技为先导的星火技术密集区和星火区域性支柱产业；推动乡镇企业重点行业的科技进步；推动中西部地区的经济发展，实施东西合作工程；培养农村适用技术人才和管理人才，提高农村整体劳动者素质。

从 1986 年到 1993 年底，星火计划顺利起步。这一阶段星火计划项目顺利进行，取得了良好的效益，同时注重科技扶贫工作的开展。星火计划安排示范项目 5 万多项，覆盖了全国 85% 以上的县市，产生了巨大的经济效益和良好的社会效益。在全国形成 43 个国家级星火技术密集区和 71 个产值超亿元、利税超千万元的区域性支柱产业。这一阶段，星火计划总投资 467 亿元，1993 年产值达 1700 亿元，实现利税 370 亿元，创节汇 10 亿多美元，取得了十分显著的经济效益。同时，星火计划开始注重科技扶贫工作在农村地区的开展，共为农村培训各类技术和管理人才 2070 万人次，其中已有一批成长为农民企业家、星火带头人，为农村经济发展做出了巨大贡献。

截至 2000 年，星火计划共实施科技示范项目 10.4 万个，覆盖了全国

85%以上的县（市），极大地促进了中国农村经济总量的增加和生产方式的转变。“九五”期间，累计创利2810多亿元，产生了显著的经济和社会效益[①]。多年来，星火计划始终坚持面向农村，面向广大农民，使农民走上依靠科技脱贫致富之路；坚持科学技术与农村经济的有机结合，开创了科技进入农村经济建设主战场的新局面；顺应中国改革开放的大潮，支持和促进乡镇企业走上了依靠科技进步健康发展之路；打破传统计划管理方式，以市场为导向，开辟了政府创造环境，运用市场机制实施科技计划的新途径；充分发挥了各级政府和社会各界的积极性，把依靠科技振兴农村经济变成全社会的共同行动；唤起了广大农民的科技意识和市场意识，使学科学、用科学、靠科学成为农民的自觉行为。

“十五”期间，星火科技培训工作思路做了重大调整：培训目标从单纯农村适用技术推广向提高农民科技致富能力的转变；培训内容从强调数量型生产技术培训，向质量效益型技术和非农就业技能培训扩展；培训方式从传统的课堂教学向课堂教学、远程培训和田间指导多种方式的综合运用转变；培训的组织推动从批准培训班的组织方式，向以提高地方的积极性和发挥创造性为重点的培训工作总体推动方式转变；培训的资源从星火计划系统的单打独斗，向以科技部门内部培训资源整合为基础，强化部门联合和社会各界广泛参与的多渠道力量的集成转变。这一阶段，星火计划国家财政拨款资金从每年3900万元增加到1亿元。全国星火计划20年间实施项目超过15万个，其中国家级示范项目近2万个，已覆盖全国90%以上的县（市）；带动地方政府投入143亿元，调动社会投入3631亿元，引导转移了一大批农村富余劳动力。国家级星火计划项目计划总投资1103亿元，其中自筹资金637亿元，申请银行贷款378亿元，预计项目完成后，可新增产值4827亿元，新增利税1048亿元，创汇173亿美元。对农民增收致富和区域经济发展起到重要的促进作用[②]。

“十一五”期间，中央财政累计投入星火计划引导资金8.4亿元，引导各级各类投入1939亿元，国家级星火项目立项7144个。支持建设国家级科技特派员农村科技创业链173个、国家农业科技园区65个、国家级星火

---

① “九五”期间星火计划累计创利2810多亿元.市场报,2001年03月01日第一版.

② 星火计划有效促进农民增收致富.中国政府网.http://www.gov.cn/ztzl/2006-01/01/content_145140.htm.

产业带15个，培育了云南花卉、陕西苹果、福建食用菌等一大批区域支柱产业，吸收劳动力9000万人，培训农民（工）5000万人次。“十一五”期间，完成各级星火计划项目33006项，其中县级项目共13510项，占总完成项目的40.93%。一大批星火科技骨干和星火带头人成为振兴农村经济的生力军。这一阶段共支持13个省（区、市）开展了星火科技12396信息服务试点，193个村、镇开展了社会主义新农村建设科技示范。星火计划将先进适用技术引入农村，有力促进了现代农业和区域经济的发展，为农村发展注入了新的活力，取得了“有目共睹，有口皆碑”的成效。

2011—2013年，“十二五”初期阶段，星火计划加大对“三农”的政策引导支持，突出星火惠农富农，在推动农村科技创新创业、促进优势特色产业发展、农村信息化建设、促进农村城乡统筹发展等方面取得了显著成效。星火计划不断加强与“863”计划、国家科技支撑计划等主体科技计划的科研成果衔接，以农村科技创新创业为核心，聚焦先进适用技术集成应用和产业化示范，重点加强农村科技创业链、农村信息化、新型科技服务体系、国家农业科技园区、科技扶贫和农村中小企业技术创新等基层科技工作，着力培育农村科技创业链和产业链，促进农村区域特色优势产业发展。

2012年度共安排国家星火计划项目1473项，其中重大项目129项，面上项目1344项。经费总额2亿元。各地围绕支柱产业和星火计划项目实施开展各类技术培训，拓宽农民增收渠道，推动农村经济快速发展。2012年，各地各类星火培训基地共有5062个，星火学校3180个。各地各级星火科技培训投入资金42.79亿元，累计培训1183万人次，编写教材2.18万种，印刷出版物共1142.92万册，编写远程课件1.60万种。

2013年，全国各级星火计划共支持名牌产品项目3454项，其中国家级星火计划项目544项，占总项目的15.75%；省级项目780项，占总项目的22.58%；地市级项目936项，占总项目的27.10%；县级项目1194项，占总项目的34.57%。按照科技部的总体部署，继续推进星火产业带建设，星火产业带覆盖面积累计达62.49万平方公里，星火产业带企业11.4万个，吸收劳动力累计1231.2万人。2013年，各地围绕支柱产业和星火计划项目实施开展各类技术培训，拓宽农民增收渠道，推动农村经济快速发展。累计培训1124万人次，编写教材2.07万种，印刷出版物共1086.77万册，编写远程课件1.52万种。各地各类星火培训基地达到4809个，星火学校3021个。

## （二）成效

**1.用科学技术武装农民，为中国农村经济发展注入了新的活力**

星火计划的实施，使科技第一生产力在开发利用农业和农村资源、提高农产品及农村资源附加值、提高劳动生产率、提高广大农民收入、加速农村经济发展中，发挥了巨大的作用。星火计划始终坚持把依靠科技振兴农业、发展乡镇企业和培训农民技术力量作为突破口，狠抓先进适用技术和装备的推广应用及社会化服务体系建设。星火计划用科学技术武装亿万农民，激励他们踊跃参加农村科技进步的伟大实践，摆脱传统落后的生产方式，告别自然经济，努力向社会主义市场经济跨越，为实现农业现代化进行了有益的探索。

**2.探索农村科技服务的新模式，形成一支广泛参与的农村科技服务大军**

在星火计划的引导带动下，各地培育星火科技专家大院、龙头企业技术创新中心等中介机构数千个，基本形成了遍布全国，同时覆盖农村各行各业的多元化农村科技服务网络体系。如浙江省在欠发达乡镇推广科技特派员制度，实施一批科技成果转化与应用项目，帮助乡村建立各类农民专业技术合作组织，提高农业组织化程度；甘肃省积极推进院地、院企科技合作，与省内外科研院所、高等院校建立了多种形式的联合协作关系；山西省实施“农村技术承包计划项目”，以评奖鼓励为手段，把大量先进适用的农业技术向全省广大农民推广。多元化的农村科技服务模式的创新，将大批科技人员引入农村生产一线，改善了农村产业发展和农民就业增收的环境。如湖北省的“优质油菜农村科技服务体系建设示范”、广东省的“优质鸡集聚产业科技服务体系建设示范”、山东省的“蔬菜聚集产业科技服务体系建设示范”、云南省的“花卉聚集产业科技服务体系建设示范”和陕西省的“苹果聚集产业科技服务体系建设示范”等新型农村科技服务体系建设示范工作，不断增强全省农村科技服务能力，明显提升优势产业科技竞争力，有力促进了基层农村科技发展，推动农村经济增长。

**3.培育区域特色支柱产业，促进县域经济发展**

近年来，星火计划以提高乡镇企业核心竞争力为重点，通过支持农业产业化龙头企业和规模以上乡镇企业的创新示范，开发新技术、新产品，解决行业共性技术难点，提高了乡镇企业整体科技创新能力、产业带动能力和对农民就业增收的吸纳带动能力，促进了区域特色产业发展。依托当地区位和各种资源优势，通过优化配置资源，强化科技投入，培育和发展星火技术密集区，建设星火产业带是推动区域经济的发展有效途径。在星火技术密集区的带动下，全国出现了“一县一业、一乡一品”产业集群的发展。例如，北京市十渡镇星火密集区对镇域拒马河沿岸进行了大规模的环境整治，开发旅游农业，建设民俗村、观光采摘园、休闲垂钓园等项目，取得了一定的环境效益和经济效益。重庆市围绕三峡库区“三农”问题、产业“空虚”和移民问题，以特色、优势产业为基础，以农副产品深加工为重点，以龙头企业为载体，在重庆库区沿长江两岸，建设由多个产业集群组成的三峡库区星火产业带。

**4.缩小数字鸿沟，推动农村信息化进程**

星火农村信息化科技行动实施以来，通过构建农村科技信息服务平台和星火 110 科技信息贡献和服务平台建设，使农村信息化网络覆盖到全国大多数区域。近年来，按照“平台上移、服务下延”的总体要求，促进“三网融合”，推动农村科技信息资源集成与应用示范，加强星火科技 12396 信息综合服务，推进农村党员干部远程教育服务建设，提高面向农村科技创业的科技信息服务能力。积极推动星火信息服务平台建设。完善星火科技 12396 服务平台功能，目前 17 个试点省（区、市）星火科技 12396 开展了语音点播、电话咨询、互联网服务、远程讲座及诊断专家出诊等多种综合服务；积极探索星火科技 12396 发展机制，对一些星火科技 12396 服务开展较好、服务有特色的省份进行充分调查研究，总结平台建设和运营方式，探索可持续发展机制；做好 12396 短信服务平台准备工作，推进 12396 服务手段全方位建设，扩大 12396 科技服务功能和信息网络覆盖，实现农村科技“零距离服务”，拓展主动服务方式，提高科技服务的时效性。

**5.促进贫困地区经济发展，帮助农民脱贫致富**

多年来，科技部按照国家的统一部署，与各有关部门、各地方政府、各民主党派和社会各界紧密配合，以大别山、井冈山、陕北地区的 55 个贫困县以及部分少数民族地区为重点，以星火科技富民为目标，对科技扶贫开发进行了不懈努力。通过深入调研，制定扶贫规划，依托贫困地区资源优势，大力开展培训，普及了科技知识，引入和大规模推广先进适用技术，开展科技成果转化应用试点示范，集中科技力量解决产业发展中的关键技术问题，内引外联，促进农业产业化经营，形成了一大批具有较高技术水平和较大规模的区域性支柱产业群；积极推广培育和扶持了一批科技服务中介组织、农村科技服务新型模式，支持贫困地区信息网络建设，加快了贫困地区农村信息化建设。2007 年，星火计划在 6 个定点扶贫帮扶县分别建立了县级远程培训中心，直接受训人员达 1 万多人次，在各定点帮扶县确定科技扶贫示范村超过 14 个。

**6.唤醒了广大农民的科技意识和市场意识，提高了农民的劳动素质**

星火计划在以科技使农民致富、使农村经济振兴的过程中，唤醒了广大农民的科技意识和市场意识，令农民体会到科学技术的伟大力量，尤其使贫困地区看到了发展的希望和市场经济的曙光，由社会福利性扶贫变为科技型扶贫。星火计划尤其重视科技培训工作的开展，不断提高农民能力，为现代农业发展培养高素质农民。2012 年，星火科技培训突出星火惠农富农，重点围绕“技术示范、基地建设、人才开发、能力提升”等方面开展工作。星火计划针对农民素质不高的问题，在已有的基础上，因地制宜，大力开展科技培训，培养了一大批农村实用人才、农村科技带头人和农村技术“二传手”，激发了农民学科技的热情，提高了农民用科技的能力，为帮助农民实现自主增收做出了新的贡献。

# 第七章　科学普及、教育与草根创新

草根创新也是中国开展包容性创新的一项重要实践，收入水平、受教育程度较低的草根群体同样可以成为创新的重要力量。中国始终十分重视通过多种途径提升草根群体的基本科学素质以及受教育水平，这为草根创新提供了可能。同时，中国各类组织也积极为草根创新提供孵化、资金支持、技术咨询等科技服务。在环境的激励下，中国蓝领工人、失业人员、普通农民、大学生及青少年等草根群体自发组织并开展了一系列发明、创新活动，不仅创造了经济价值，同时也带来了社会效益。

## 一、科普与教育——使草根创新成为可能

包容性创新能力的提升需要增强公众的科学素质，科普和教育是普及科学知识、提高公众创新能力的重要途径。近几年，中国政府从各个方面加强了科学技术普及和教育工作，尤其在促进公平享受知识成果，加大对欠发达地区公众和特殊群体的科学普查力度，增加对义务教育的投入力度，大力发展欠发达地区基础教育水平，促进教育公平发展等发面做出了很大的努力，取得了积极成效。

### （一）科学普及

公众需要了解必要的科学技术知识，掌握基本的科学方法，树立科学思想，崇尚科学精神，并具有一定的应用它们处理实际问题、参与公共事务的能力。科学普及对于提高公民的科学素质和参与创新的能力具有十分重要的意义。近年来，中国在法律制度建设、政策规划和开展科普活动方面做出了多方面的积极努力，科普设施、条件和能力以及公众的科学素质水平，都得到了明显的提高。

**1. 法律制度与政策规划**

（1）法律制度建设

2002 年 6 月，《中华人民共和国科学技术普及法》颁布实施，标志着中国的科普工作走上了法制化的轨道。2007 年，新修订的《中华人民共和国科技进步法》，再次从法律的角度体现了对科普工作的重视，指出国家要发展科学技术普及事业，普及科学技术知识，提高全体公民的科学文化素质，尤其要从以下几个方面促进科普事业发展：鼓励传播和普及农业科学技术知识，鼓励结合技术创新和职工技能培训，开展科学技术普及活动；设立向公众开放的普及科学技术的场馆或者设施；科学技术协会和其他科学技术社会团体按照章程在促发展科学技术普及事业方面发挥作用；科学技术普及作为财政性科学技术资金应当投入的主要方面之一；国务院科学技术行政部门应当会同国务院有关主管部门，建立科学技术普及资源等科学技术资源的信息系统，及时向社会公布科学技术资源的分布、使用情况；国家鼓励国内外的组织或者个人捐赠财产、设立科学技术基金，资助科学技术研究开发和科学技术普及等。

（2）政府规划

2006 年 1 月，中国政府颁布了《国家中长期科学和技术发展规划纲要（2006—2020 年）》（以下简称《规划纲要》），对未来 15 年的科技工作做了统一规划和部署，科普是其中的重要内容之一，提出要在全国范围内全面实施全民科学素质行动计划，以促进人的全面发展为目标，提高全民科学文化素质。在《规划纲要》的指导下，国务院随后印发了《全民科学素质行动计划纲要（2006—2010—2020 年）》（以下简称《科学素质纲要》），具体提出了全面实施全民科学素质行动计划的目标、任务和措施。为落实实施《科学素质纲要》，国务院还成立了包括各主要政府部门参加的“全民科学素质工作领导小组”，中央政府各部门和省级地方政府都相继制定了具体的实施工作方案。

## 专栏　全民科学素质行动计划

“全民科学素质行动计划”是走自主创新道路、建设创新型国家的一项基础工程，旨在通过发展科学技术教育、传播与普及，尽快使全民科学素质在整体上有大幅度的提高，实现到21世纪中叶中国成年公民具备基本科学素质的长远目标。具体目标是：到2010年，科学技术教育、传播与普及有较大发展，公民科学素质明显提高，达到世界主要发达国家20世纪80年代末的水平；到2020年，科学技术教育、传播与普及有长足发展，公民科学素质在整体上有大幅度的提高，达到世界主要发达国家21世纪初的水平。

全民科学素质行动由未成年人科学素质行动、农民科学素质行动、城镇劳动人口科学素质行动以及领导干部和公务员科学素质行动组成，领导机构是由国务院设立的全民科学素质工作领导小组。

在上述法律和规划的基础上，相关政府部门还相继制定了其他重要的科普工作规划，如《科普基础设施发展规划（2008—2010—2015年）》《国家“十二五”科学和技术发展规划》《全民科学素质行动规划（2011—2015年）》《关于加强国家科普能力建设的若干意见》《关于加强县（市）科技工作和科普事业发展的指导意见》《关于进一步加强少数民族和民族地区科技工作的若干意见》等。这些规划都突出强调了对未成年人、农村、少数民族地区和中西部落后地区的倾斜。

**2. 科普活动**

目前，政府主导仍是中国科普活动的重要特点。以上述法律和政府规划为基础，中央和地方政府部门开展了形式多样的科普活动，其中许多活动已经发展成为影响范围遍及全国的“知名品牌”活动。例如，由中央宣传部、科技部等十多个中央部委组织开展的“文化、科技、卫生三下乡”活动，每年在全国范围内开展、组织大量科研、卫生、文化等领域的专业人员深入城市和农村基层社区，面向社会公众开展知识普及和专业技术服务工作。科技部组织的“科技活动周”、中国科协组织的“全国科普日”都已发展成为年度性、全国性的科普活动。此外，针对农村社区、青少年、妇女群体，也发展出了许多具有特色的科普活动项目。例如，自2006年起，国家启动了“科普惠农兴村计划”，通过“以点带面、榜样示范”的方式，在全国评比、筛选、表彰并奖励一批有突出贡献的、有较强区域示范作用的、辐射性强的农村专业技术协会、科普示范基地、农村科普带头人、少数民族科普工作队等先进集体和个人，带动更多的农民提高科学文化素养，掌握生产劳动技能。

为了提高青少年的科技创新能力，中国科协、教育部、科技部每年组织开展“全国青少年科技创新大赛”。2012年，科技部联合中央宣传部、中国科协等五部门又共同启动了“农村青少年科技创新操作室”项目，旨在提高农村青少年的科技创新能力。

除了政府主导的科普活动和项目外，近年来社会化和市场化的科普活动也得到了迅速发展。尤其是随着信息技术的发展，以微博、微信为代表的新一代社交化新媒体为社会性的科普活动提供了新的机遇，利用新媒体开展的科普活动日益活跃，形成了以科学松鼠会、果壳网、方舟子等民间团体或社会名人为核心的社会性科普群体，成为中国科普活动的重要力量。

**3. 取得的成果**

在政府和社会各界力量的共同努力下，近年来中国科普事业发展迅速，成效显著，科普基础设施和条件不断完善，科普能力稳步提升，公众科学素质有了整体提高。

（1）科普人员的数量和素质提高

科普专职人员明显增加，科普兼职人员投入的科普工作量提升明显，科普志愿者的数量增加明显。据科技部全国科普资源统计报告数据，2012年全国共有科普人员195.78万人，全国每万人口拥有科普人员14.46人，科普专职人员23.11万人，占科普人员总数的11.80%。科普兼职人员172.67万人，占科普人员总数的88.20%。东部地区人口占全国的41.25%，各类科普人员数占全国的39.60%。西部地区人口密度虽然较低，但是2012年，科普人员、科普专职人员和科普兼职人员数已经逐渐超过中部地区，差距明显缩小。2012年全国每万农村人口拥有科普人员数比2011年增加0.37人，达到11.20人。2012年全国共有中级职称以上或大学本科以上学历的科普人员98.48万人，占科普人员总数的50.30%。

（2）科普经费增加

2012年全社会科普经费筹集额122.88亿元，其中政府拨款85.04亿元。无论是全社会筹集款总额还是政府拨款额，近年来均呈逐年增长的势头。

（3）科普场馆设施条件改善

截至2012年底，全国共有建筑面积在500平方米以上的各类科普场馆1735个，在这些场馆中，科技馆共364个，科学技术博物馆632个，青少年科技馆（站）739个。科普场馆数量呈逐年增长之势。

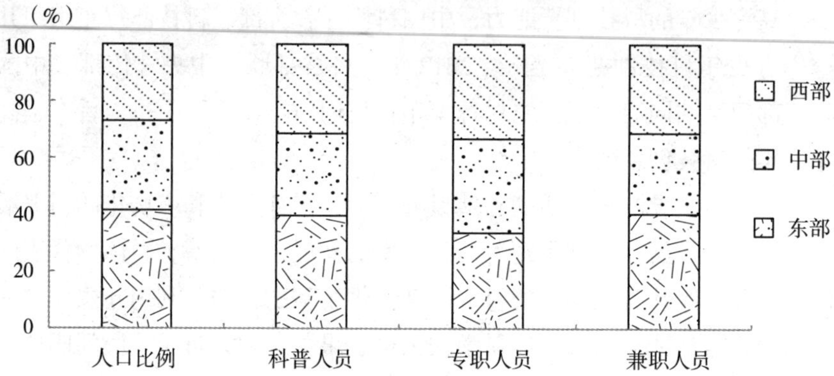


图 7-1　2012 年东、中、西部地区人口及科普人员占全国的比例

表 7-1　2008—2012 年科普经费筹集额构成的变化　（单位：亿元）

| 年份 | 2008 | 2009 | 2010 | 2011 | 2012 |
| --- | --- | --- | --- | --- | --- |
| 政府拨款 | 47.00 | 58.94 | 68.08 | 72.59 | 85.04 |
| 捐赠 | 0.83 | 0.98 | 1.37 | 0.84 | 0.82 |
| 自筹资金 | 12.30 | 19.28 | 23.80 | 25.65 | 30.75 |
| 其他收入 | 4.82 | 7.91 | 6.26 | 6.22 | 6.29 |

数据来源：科技部《全国科普资源统计报告》。

表 7-2　2009—2012 年全国 500 平方米以上的各类科普场馆数（单位：个）

| 年份 | 2009 | 2010 | 2011 | 2012 |
| --- | --- | --- | --- | --- |
| 科技馆 | 309 | 335 | 357 | 364 |
| 科学技术博物馆 | 505 | 555 | 619 | 632 |
| 青少年科技馆（站） | 590 | 621 | 705 | 739 |
| 合计 | 1404 | 1511 | 1681 | 1735 |

数据来源：科技部《全国科普资源统计报告》。

除了科普场馆的建设，公共场所的科普宣传设施在中国的科普事业中也发挥着重要作用。截至 2012 年底，全国共有科普画廊 24.92 万个，城市社区科普（技）活动专用室 9.23 万个；农村科普（技）活动场地 53.06 万个；科普宣传专用车 2341 辆。

（4）公民科学素养提高

2010 年底，中国科协发布了第八次中国公民科学素养调查结果。调查显示，“十一五”期间中国公众的科学素养水平稳步提升。2010 年具备基本科学素养的公众比例达到了 3.27%，比 2005 年的 1.60% 提高了 1.67 个百分点，比 2007 年的 2.25% 提高了 1.02 个百分点，相当于日本、加拿大、欧盟等主要发达国家和地区 20 世纪 80 年代末、90 年代初的水平。城镇劳动者和农民的科学素养水平提升速度较快。城镇劳动者具备基本科学素养的比例从 2005 年的 2.37% 提高到 2010 年的 4.79%；农民具备基本科学素养的比例从 2005 年的 0.72% 提高到 2010 年的 1.51%。城镇劳动者和农民科学素养的提升对中国公众科学素质的整体提高起到了重要作用。

## （二）教育

实施包容性创新的关键是大众创新知识的增强。教育是推动创新、提高普通大众创新知识的基础工程。近年来，中国政府在均衡发展九年义务教育、加快发展现代职业教育、积极发展继续教育、提高高校的科学研究质量和创新能力等方面进行了很多尝试。

**1. 法律法规和政策措施**

为了提供高质量和公平的教育体系，中国 2010 年制定了《国家中长期教育改革和发展规划纲要（2010—2020 年）》，该纲要明确提出，到 2012 年实现国家财政性教育经费支出占国内生产总值比例达到 4% 的目标。该纲要提出“优先发展，育人为本，改革创新，促进公平，提高质量”的原则。到 2020 年，基本实现教育现代化，基本形成学习型社会，进入人力资源强国行列，实现更高水平的普及教育，构建体系完备的终身教育体制。教育部公布的《国家教育事业发展第十二个五年规划》提出了“十二五”期间各级各类教育协调发展的六个指标：基本普及学前一年教育；义务教育巩固率达到 93%；基本普及高中阶段教育；高等教育毛入学率达到 36%；新增劳动力平均受教育年限达到 13.3 年左右；进城务工人员随迁子女在公办学校接受免费义务教育的比例达到 85% 以上。

针对不同层次教育的特点，中国提出了不同的发展目标和相应的法律规定：

加快学前教育改革发展。为了着力解决当前存在的“入园难”问题，满足适龄儿童入园需求，2010 年国务院发布了《国务院关于当前发展学前教育的若干意见》《3 ~ 6 岁儿童学习与发展指南》（2012 年）。为了加强幼儿园的科学管理，提高保育和教育质量，2013 年修改了《幼儿园工作规程》和《幼儿园玩教具配备标准》。2014 年度启动实施第二期学前教育三年行动计划，继续实施学前教育国家重大项目。扩大公办园和普惠性民办园覆盖率，建立完善学前教育成本分担与运行保障机制。

深入推进义务教育均衡发展。2012 年颁布的《国务院关于推进义务教育均衡发展的若干意见》强调推动优质教育资源共享，均衡配置办学资源，合理配置教师资源，全面提高义务教育质量等。为了减轻学生过重课业负担，教育部制定了新的《小学生减负十条规定》，切实减轻学生过重课业负担。

促进高校办出特色、争创一流。为了提升高校科学研究水平，加强基础和前沿研究，提高原始创新能力，国家和教育部启动实施了《高等学校哲学社会科学繁荣计划（2011—2020 年）》《高等学校人文社会科学重点研究基地建设计划》，出台了《关于全面提高高等教育质量的若干意见》，实施《高等学校创新能力提升计划》，探索高校协同创新模式，推进产学研用有机结合。加快建设一流大学和一流学科。统筹实施“985 工程”“211 工程”“优势学科创新平台”和“特色重点学科项目”。

加快现代职业教育体系建设。党的十八届三中全会提出，要“加快现代职业教育体系建设，深化产教融合、校企合作，培养高素质劳动者和技能型人才”。为了促进职业教育的健康发展和适应社会的需求，教育部起草了《国务院关于加快发展现代职业教育的决定》和《现代职业教育体系建设规划（2013—2020 年）》，对现代职业教育体系的国家制度、国家体系、国家机制、国家体制、国家政策进行顶层设计。2014 年教育部印发《关于推进学习型城市建设的意见》和《关于进一步推进社区教育改革发展的意见》，推动城乡普遍开展社区教育。鼓励各级学校以多种形式为继续教育提供支援服务。把职业教育摆在与普通教育同等重要的地位，系统构建从中职、高职、本科到专业学位研究生的人才成长“立交桥”。改善教育结构，健全发展现代职业教育的国家制度。2014 年召开全国职业教育工作会议，出台关于加快发展现代职业教育的决定和现代职业教育体系建设规划。

着力提升弱势群体的教育水平。在弱势群体教育方面，国家相关部门强调加快发展农村教育，合理配置教育资源，重点向农村、边远、贫困、民族地区倾斜，深入推进民族教育发展，启动少数民族高端人才计划。相关部门先后制定实施了《关于实施教育扶贫工程的意见》《全面改善贫困地区义务教育薄弱学校基本条件的意见》《关于进一步加强和改进中小学新任教师公开招聘的意见》等。2014 年出台《国家贫困地区儿童发展规划（2014—2020 年）》，对集中连片特困地区从出生开始到义务教育阶段结束的农村儿童的健康和教育实施全过程保障和干预。为了加强民族地区教育的发展，教育部印发《关于加快推进民族教育发展的决定》，推动民族地区教育结构调整，部署民族教育领域综合改革实验和试点工作。为了推进新疆、西藏和四省藏区教育科学发展，2014 年印发《关于加快西藏和四省藏区中等职业教育发展的指导意见》和《关于进一步加强新疆双语教师队伍建设的实施意见（2014—2020 年）》。

大力推动教育信息化。贯彻落实《教育信息化十年发展规划》，研究制定《中小学教学信息化指导纲要》。制定“中国数字教育 2020 行动计划”，实施“优质数字教育建设与共享行动”“学校信息化建设与提升行动”“教育信息化基础能力建设”等专项计划，推进地方教育信息化建设。

**2.取得成果**

现阶段中国的教育事业发展取得了明显的成效。2001—2010 年，公共财政教育投入从约 2700 亿元增加到约 14200 亿元，年均增长 20.2%，高于同期财政收入年均增长幅度；教育支出占财政支出的比重从 14.3% 提高到 15.8%，已成为公共财政的第一大支出。

表 7–3　2009—2012 年各类教育经费变化　（单位：亿元）

| 年份 | 2008 | 2009 | 2010 | 2011 |
|---|---|---|---|---|
| 总教育经费 | 14501 | 16503 | 19562 | 23869 |
| 高等学校教育经费 | 4347 | 4783 | 5629 | 7021 |
| 中学教育经费 | 4129 | 4768 | 5421 | 6671 |
| 普通初中教育经费 | 2522 | 2984 | 3413 | 4166 |
| 农村经费所占比例（%） | 57 | 57 | 56 | 55 |
| 小学教育经费 | 3551 | 4217 | 4887 | 6012 |
| 其中农村经费比例（%） | 65 | 65 | 64 | 63 |
| 幼儿园教育经费 | 199 | 245 | 728 | 1019 |

财政教育投入的大幅度增加，为教育改革发展提供了有力支持。当前，中国城乡免费义务教育全面实现，职业教育快速发展，高等教育进入大众化阶段，办学条件显著改善，教育公平迈出重大步伐。高中阶段教育毛入学率

超过80%，高等教育毛入学率达到26.5%，高等教育大众化水平和人才培养质量进一步提升，继续教育进一步发展。高等学校科技创新与服务能力进一步增强，国家科技三大奖中一半出自高等学校，人文社会科学领域三分之二成果由高等学校完成。教育公平迈出重大步伐，民族地区教育快速发展，城乡和区域教育差距缩小，国家助学制度进一步完善，进城务工人员随迁子女、农村留守儿童、残疾学生受教育权益得到更好保障。

表 7-4　2009—2012 年各类教育入学率变化　（单位：%）

| 年份 | 2009 | 2010 | 2011 | 2012 |
|---|---|---|---|---|
| 学龄儿童净入学率 | 99.4 | 99.7 | 99.8 | 99.9 |
| 小学升学率 | 99.1 | 98.7 | 98.3 | 98.3 |
| 初中升学率 | 85.6 | 87.5 | 88.9 | 88.4 |
| 高中升学率 | 77.6 | 83.3 | 86.5 | 87.0 |

在改善民生、促进公平方面，启动了实施教育扶贫工程和实施乡村教师生活补助政策；进城务工人员随迁子女在流入地升学考试开始破题。2013年，26个省份随迁子女在流入地参加中考，12个省份4440名考生参加高考；支援中西部地区招生协作计划达18.5万，贫困地区定向招生专项计划由1万扩大到3万；营养改善计划惠及3000多万农村贫困地区义务教育阶段学生。基本实现中小学校挂牌督导全覆盖，293个县（市区）通过义务教育发展基本均衡县国家认定；职业教育产教融合深入推进，就业率进一步提高。

## 二、科技服务——为草根创新提供条件

科技服务在帮助草根群体创新方面发挥了重要的作用，一是利用其平台与网络作用，为草根创新者及其项目寻找合适的合作伙伴，帮助项目孵化，提供初始资金支持；二是可以为草根创新者及其项目提供技术咨询与指导；三是为草根创新者提供知识产权保护以及产品转化方面的帮助。2015年3月，国务院办公厅发布了《关于发展众创空间推进大众创新创业的指导意见》，对加快发展众创空间等新型创业服务平台做出总体要求和任务部署。随着大众创业、万众创新政策的不断深入落实，形成了有利于全民创新创业的政策

环境，众创空间作为新型创新创业服务机构也获得了空前的发展空间，中国各地方已经涌现出一大批各具特色的众创空间，在降低创新创业门槛、提供专业化服务方面发挥了积极作用。

### （一）草根创新项目孵化

近年来，中国涌现出一批新兴的科技中介服务机构，致力于草根创新项目的发现及孵化。于 2011 年 4 月开始营业的车库咖啡，是一家以创业和投资为主题的咖啡厅，创业者只需每人每天点一杯咖啡就可以在这里享用一天的免费开放式办公环境。本质上讲，车库咖啡是一个草根创业的聚集地，一方面降低了创业者的办公成本，另一方面也降低了他们的社交成本。车库咖啡占地 800 平方米，能容纳 150 人左右。车库目前有 10 个常驻团队，并仍有新的团队不定期“入驻”（每隔一段时间就有团队有了自己办公室走出去）。成立将近三年，车库咖啡已经促成多个创业团队获得天使投资。车库提供的创新创业服务主要包括：一是为创业者及团队提供大会议室、先进展示等办公条件，整合了更多办公资源和条件，尽可能降低创业者办公场地和设备投入；二是举办创业互助交流、技术沙龙、股权众筹沙龙等技术咨询及创业投资活动，既节省了创业者从办公室到活动现场的时间和交通成本，也为创业者及团队提供有效的创新资源。此外，车库咖啡还与北京银行中关村支行合作，为创业项目提供小额信用流动资金贷款，同时车库的创业项目还可以享受北京银行包括存贷款服务、公司注册服务、公司及个人理财咨询等在内的一系列金融服务优惠。

南京邮电大学学生创新创业苗圃也是一个很好的例子。南京邮电大学创新创业苗圃是由南京邮电大学及南京市鼓楼区政府共同建设的大学生创业孵化基地。针对的对象主要是在校学生、应届毕业生和毕业两年内的往届毕业生。苗圃位于南京邮电大学校园内，基本办公设施完备，配套齐全。一期孵化场地面积达 660 平方米，可容纳 60 个学生创业团队约 140 人拎包入驻。同时，创新创业苗圃还为园内的创业者提供信息资源及知识培训服务，回答如财务、税务、工商注册等创业者面临的问题。此外，创业苗圃还建立了 QQ 群，搭建了创业者沟通的渠道，有利于初期创业者和相对成熟的企业进行业务和技术层面的交流。

## （二）新型融资贷款服务

对于草根创新者及草根创新企业，启动资金是在将创新产品转化为商品、并且扩大生产过程中最为困难的一个方面。这些草根群体或者企业不符合银行的信贷资格，无法获得资金，但是向民间非正规的信贷机构借贷又会导致借贷成本过高、风险大等问题，一些地方政府在这方面也进行了一些新的探索和尝试。点名时间是成立于 2011 年的一家有中国特色的众筹网站。拥有创意想法、新颖产品以及独立创意设计的创新者，可以在点名时间的平台上发起项目，向公众推广，并得到资金的支持完成项目。这种众筹模式不同于一般的商业融资方式，项目发起人享有对项目的完全自主权，不受支持者控制。而对于项目出资支持者，若项目在规定时间内支持金额未达到 100%，所支持的款项将全额退回；若成功，在项目完成后将得到事先约定的回报。从商业模式上众筹更像是预购，支持者对一个项目的支持属于预购行为，而不是投资行为，这是一种草根创业者在创业初期获得资金支持的新路径。

在为草根创新创业者提供小额贷款方面，浙江省桐乡市乌镇首创银政企三方合作模式，进行了有益尝试。由政府牵头为企业证明担保，由企业协会提供调头资金，由信用社量身定做“小微续贷通”，乌镇 73 家中小企业协会会员企业平均续贷时间缩短至 1 日，且融资成本大大降低。在短短 3 个多月时间里，已有 17 家小微企业办理续贷业务 26 笔，涉及金额近亿元。同样是 100 万元，向协会申请 1 天的调头资金，费用仅 600 元，以前为了紧急凑钱调头，通过民间借贷或者典当行，则要花费近 20 万元。通过组织联合，发挥社会服务的最大杠杆作用，不仅最大限度地放大了资金的乘数效应，更让初创企业体会到互助的力量，发现了一条新的“常规、便捷”的融资路径。

## （三）公共服务平台

草根创业者在创业问题上，常常会遇到例如项目成果转化、业务拓展、人才瓶颈、法律事务等困惑。特别是青年创新创业者，他们的经验与资源积累有限，但是却有着极高的创新创业热情，更加需要专业性的引导，以使他们的想法和创新得以实现。浙江省台州市青年创业服务协会，就是这样一个致力于打造青年人的“创新工场”的社会组织。目前，青年创业服务协会已有会员 302 人，涵盖法律、银行、税务、商业、人力资源等各行各业的专家导师以及志愿者，其中不乏知名律师、名校教授等高层次人才。协会的主要职能是为青年创新创业者在线提供技术、法律、市场等方面的咨询服务，通过发布最新政策资讯、提供市场信息以及内部资源对接等方式，帮助青年人创新创业。创业服务协会的成立和运作，为致力于创新创业的青年人提供了信息平台。在协会的帮助下，“玉满园”项目负责人冯仁方参加了台州市青年创业大赛并获得一等奖，协会不仅帮助其创建自己的品牌，还在产品推广上给予支持。协会是创业“启动器”，更是“吸附器”，已经产生强大的“磁场效应”，目前在协会帮助下成功创业的青年人已经有四五十人。协会计划不断完善专家库，创建专门的服务网站，更好地打造属于创业青年的“创新工场”。

除此之外，一些机构还在草根创新研究与推广方面发挥了重要作用。天津财经大学创新与创业研究中心整理创建的民间创新数据库，共包含2000余项民间创新项目和3000多个数据。同时，研究中心也不忘履行社会责任，努力为民间创新项目搭建平台。在师生们的努力下，天津财经大学创新与创业研究中心的民间创新数据库已成功推广了一批民间创新项目。数据库推介的一项名为“生物质制炭制气发生器”的发明创新被中央电视台报道，引起广泛关注，中心每天都要接到上百个咨询电话。2012年6月，研究中心还专门请来两家投资公司，在会上向投资公司推介一批优秀民间创新项目。下一步，研究中心一方面将继续进行民间创新项目的搜集，同时还要加强对这些项目的整理、加工、包装和推广，让更多草根创新走向市场。

## 三、草根创新

为了解决生产、生活中遇到的一些技术困难，或者降低部分技术或产品的成本，最终改善生活质量与提高收入，中国以蓝领工人、失业人员、普通农民等为典型代表的草根群体自发组织并开展了一系列发明、创新活动，不仅创造了经济价值，同时也带来了社会效益。

### （一）蓝领工人

科技部部长万钢曾经在2008年“两会”上指出，产业技术工人是紧贴实践的，他们有一些创新甚至是和企业的流程、企业的组织形式结合在一起的，他们的一个小窍门、小建议就可以产生很大经济效益。他认为，以企业为主的创新要让工人积极地加入到创新过程中来，不仅可以节约能源，并且有益于创新型国家的建设。

在中国，普通蓝领技术工人，如工矿工人、炼钢工人、建筑工人、码头工人、仓库管理员等，他们的受教育水平较低，往往只有高中及以下水平，获得的工作收入也并不丰厚，但由于他们常年处于生产第一线，能够第一时间发现生产过程中的困难及问题，并且在工作中积累了丰富的技术技巧和经验，在发明创造方面有其独特的优势。

近年来，中国各地方企业不断涌现出普通技术工人自主创新的案例和典型，受到了企业和全社会的广泛关注。例如，在日照港股份二公司工作，担任矿石卸船队主管工程师、技术组组长的张涛被称为“草根创新高手”。年纪轻轻的张涛主动牵头成立了课题攻关小组，研究解决抓斗卸船机时常出现行走液压站不正常、夹轮器油缸开启困难等设备制造商都束手无策的难题。经过仔细观察和反复测试，张涛和众人终于发现，影响卸船机行走液压站传动效率大幅下降的症结，在于其平时作业相对固定、很少移动行走，导致管道内的液压油因循环不畅而渐渐变稠变浓。随后，张涛带领攻关小组很快对卸船机行走液压站电加热系统进行了技术改造。这项发明不仅改善了卸船机的工作性能，还获得了国家技术发明专利。此外，张涛还发明了卸船机 PLC 无线监控系统，在机器发生故障时，既能清晰而准确地锁定故障部位，提高应急处置能力和抢修工作效率，又从总体上实现了系统流程设备的远程化管理和程序化维修，被业内专家称为卸船机的远程遥控“诊断器”。一些其他企业看到张涛发明的技术具有市场前景，还派专人前来洽谈合作事宜，准备利用他发明的专利技术开发新的产品并推向市场。

同时，一些企业也为技术工人开展自主创新提供条件与平台，鼓励他们进行发明、创新。自 2004 年以来，江苏省部分企业集团以一线“蓝领工人”名字命名的劳模创新工作室纷纷成立。劳模创新工作室主要围绕企业生产经营中的重点和难点问题开展攻关和创新活动。在企业内部建立劳模工作室是鼓励技术工人创新的一项重要举措，目的在于通过发挥劳模的骨干作用，影响带动广大职工自主创新的积极性。自 2007 年 11 月，江苏省电力公司的 10 个劳模创新工作室正式挂牌成立，以及 2012 年 4 月，江苏省泰州市总工会命名了夏强斌等 10 家市级劳模创新工作室之后，江苏省劳模创新工作室至今已超过 500 个，先后取得国家专利 1300 多项，获得 1500 多个国家科技创新成果，创造出 30 多亿元的经济效益。

此外，上海宝钢集团通过多种形式积极为职工参与创新活动创造条件、提供支撑。通过建设员工创新活动基地，举办创新论坛、创新活动沙龙、成果发布会等活动，以及开设员工创新活动网站等，宝钢集团为员工搭建了一个知识共享、经验交流、方法培训的平台。由 358 名技能业务专家组成的员工创新活动指导志愿者团队，以及以工人发明家命名的创新工作室，为创新活动积极分子打开了与专家沟通交流的渠道。2008—2011 年，宝钢集团企业职工共申请专利 4178 件，授权专利 2841 件，创造了“日均四专利”的神话。2010 年，集团 70% 的授权专利出自生产一线的“能工巧匠”。

### （二）失业人员

失业人员在技能与社会地位等方面都处于相对劣势，但他们对日常生活却有着细致的观察，有时候能够从生活中发现问题、得到灵感。一些失业人员的创新项目非常具有实用价值，并且最终能够使发明创造成为创新产品。

例如，原江西钢丝厂失业人员张小红创办了渝州绣坊，凭着对刺绣艺术的酷爱和追求，在传统民间刺绣上加以创新，创作出具有浓郁的地域特色和鲜明个性的夏布艺术刺绣，并成功申请了 29 项国家专利，获得包括“第九届民间文艺山花奖”在内的国家及省级众多奖项。同时她还带动了几十名下岗女工再就业，无偿培训了 200 多名下岗和农村青年女性，走出了一条集产品研发、人员培训、市场营销、企业管理为一体的新路。又如，湖南株洲攸县下岗人员张谭伟根据膨胀螺丝原理发明了水管连接专利，成为再次“上岗”的创业明星。下岗失业后，张谭伟自谋职业，做起了木工、油漆工。在打工的过程中，他发现现有的给排水水管，无论是金属管还是塑料管其接头技术均存在一定的缺陷。于是张谭伟萌发了改进不锈钢水管连接技术的想法，经过反复试验，最终发明出不锈钢水管齿卡式连接头，并申请了专利保护，成立了自己的专业技术公司。目前公司规模不断扩大，在取得了良好经济效益的同时，还获得了科技自主创新优势企业等多项殊荣。

为了鼓励和帮助失业人员创新创业，各地方政府都开展了对失业人员的技能培训工作并出台了相关优惠政策，如南京市专门成立贷款担保中心，为下岗失业人员创业提供小额贷款，对象是南京市下岗失业人员，其中个人最高可贷5万元，若组成创业团队，组建股份制企业或者合伙经营的，最高则可以贷到30万元，贷款期限为1年。北京、深圳、江西等地也通过各种形式为失业人员进行创新创业提供条件。

### （三）普通农民

农民的一系列创造推动了农村乃至整个经济社会的全面发展，党中央明确提出应当尊重农民的首创精神。2011年，中国农民人口总数达到6.57亿，占总人口的48.7%[①]。虽然大部分农民群体的受教育水平、经济收入较低，这使他们参与创新活动受到一定限制。但他们常年工作在农业生产的第一线，积累了大量农业及相关生产技术，在发明创新方面有着实验室研究不具备的优势，同样可以成为创新的重要参与者。

多年来，中国农民创新活动层出不穷，小到生产生活的技术难题，大到世界性难题的解决，事实证明农民也能够成为创新的重要力量。例如，草方格治沙技术，就是由宁夏沙坡头几位当地年轻治沙工人在工作间歇中无意中发现并经过多次试验后发明的。20世纪50年代中期，国家专门成立治沙小组，攻克流动沙岭对包兰铁路造成巨大威胁的问题。治沙小组由中科院沙漠研究所等单位的科研人员组成，但尝试的“平铺式沙障”“沥青铺盖法”等科学方法都宣告失败。几位年轻工人在工作间歇无意中尝试将麦草插入沙中，形成各种形状，竟然起到了防风固沙的良好效果。经过多次试验尝试，最终确定1×1的草方格沙障最为有效。科学理论方法没有发挥作用，这种由普通工人无意发现的“草根方法”反而最为有效，这一技术也荣获国家科技进步特等奖，成为世界治沙史上一项重大技术突破。

又如，湖南省临澧县农民沈克泉1978年在贵州无意中发现路边3株特别的野生油菜，认为它们植株壮硕、分枝多，是油菜中的珍品，就将其带回家乡并开启了长达30年的油菜新品种研发之路。在极度缺乏试验条件和研究经费的情况下，沈克泉父子只能用肉眼观察、凭手工记录总结规律，变卖家产坚持研究。经过多年艰苦研究，试验培育出“友谊三号”等具有中国自主知识产权的、优质超级杂交油菜，亩产最高达到330公斤。

---

① 数据来源：《中国人口和就业统计年鉴2012》。

表 7–5　农民草根创新产品（技术）举例

| 产品（技术）名称 | 发明者 | 内容及功能 |
| --- | --- | --- |
| 超级油菜 | 湖南临澧县农民父子 | 通过对 3 株野生油菜的重新播种及育种，成功研制出多种中国自主知识产权的“贵野 A”不育系、“友谊三号”“沈油杂”系列等优质超级杂交油菜品种 |
| 冬季（大棚）蔬菜生产技术 | 辽宁省两位农民 | 发明于 20 世纪 80 年代早期，无须加热即可生产温室黄瓜的大棚在中国得以普遍推广 |
| 自行车呼吸机 | 河南省安阳县三位农民 | 将一架废旧的自行车、一台压面机电机、一个皮球经过简单组合制成简易呼吸机，每分钟呼吸的次数控制在 18~20 次，曾经代替 10 多万元的呼吸机，维系着一名无法正常呼吸的 15 岁少女的生命 |
| 增强型防水剂 | 山西省某农民 | 可以在 6 秒的时间内阻挡住 660 立方米 / 秒的流量，从而成为地下防水项目的一个重大突破 |
| 污水处理剂 | 山东沂水县农民 | 在家里利用简易实验室进行研究，多次前往北京、济南等地自费进行试验论证，研制出达到国家规定排放指标的工业废水处理剂，并于 2005 年获得国家专利 |
| 草方格治沙技术 | 宁夏农民 | 多次实践中意外发明出将麦草在沙丘上扎成 1×1 米的方格形固沙法，解决了困扰科学界多年的流动沙丘对铁路运行及生态环境威胁的问题 |
| “赵氏塔基”新技术 | 北京市昌平区农民 | 经过 7 次升级换代，13 次变更总体设计方案，上千次变更分部构造设计，300 万个手工计算数据，独立发明了可重复使用、可组合分解的塔基新技术，解决了原有工地使用水泥固定塔基，在施工结束后就地填埋，成为永久垃圾并对环境造成污染的难题，专利技术市值超过 1000 万美元 |
| 无污染秸秆造纸新法 | 山东省岱岳区山口镇普通农民 | 经过 6 年的刻苦钻研，千余次的试验，以麦草、稻草、玉米秸、棉花柴等农作物秸秆为原料，通过利用过氧化物在一定条件下氧化裂解使植物秸秆分离成浆，且不用漂白，研制出造纸新技术，与传统造纸工艺相比更加节煤、环保，并且大大降低了生产成本 |
| 程序配量无塔恒压供水装置 | 四川省南充市嘉陵区新场乡农民 | 20 世纪 80 年代，自主研制出适合于农村、不用人工管理的全自动供水机，结束了偏远农村地区天天挑水、无法使用自来水的历史。该项技术得到四川省科技厅的大力支持，在南充地区和全省迅速推广普及 |

### （四）大学生创新创业

从中央创新政策到地方创新政策，都十分鼓励大学生创新创业，特别是农村农业领域的创新，对于改善低收入群体的经济状况有着直接的作用。中国大学生创业的典型案例层出不穷，反映出大学生创新创业的积极性逐渐提高。

2012 年 5 月，四川省长宁县大学生马平辞职回乡发展家庭农场，致力于用知识、技术改变农村的落后面貌，带动越来越多的乡亲走上致富路。马平的创业十分艰辛，从承包土地、整理土地、购买繁育种苗所需的物资，再到下种，后期的种苗管理，事情纷繁复杂。为了掌握关键技术，整个过程马平都亲力亲为。马平现在的家庭农场面积有近 55 亩，其中家庭承包土地 4.07 亩，流转农户土地 50.7 亩。其家庭农场建设了珍稀濒危特有物种引种驯化、扩繁区，红枫、海棠等彩叶景观观赏区，樱花园观赏区，名贵观赏花卉观赏区，园艺盆景园观赏区，科研及生产活动区六类功能区，针对土壤理化性质以及物种特性开展商品化育苗。目前她已投入 20 万进行规划布局、场地整理，并且引进红枫、樱花、北美海棠、银杏、桂花等名贵花木品种 5000 株，采用标准化栽培作为母树和景观骨架，栽培面积达到 40 亩。启动了珙桐人工繁育研究，商品化育苗圃面积达到 10 亩，繁育红枫、樱花、北美海棠、桢楠、银杏、桂花、紫薇等品种，根据梯度式出苗原则，平均年出苗 10 万株，预计年收益可达 60 万元。

此外，还有 90 后大学生创办的专业种植草莓的 QQ 农场、华中科技大学毕业生开发的食用昆虫计划、大学生村干部的优质土鸡养殖项目等，都是近年来大学生创新创业涌现的典型，他们善于发现和利用身边的资源，并在新的创新模式与创业方式下，将好的想法转化为经济绩效。

### （五）青少年创新创业

为培养中国青少年创新意识、展示中国青少年优秀科技成果，中国科协、教育部、科技部等部委自 1979 年起联合举办全国青少年科技创新大赛。主要参赛对象是在校的中小学生，是全国性青少年科技创新成果和科学探究项目的综合性科技竞赛。全国青少年科技创新大赛具有广泛的活动基础，从基层学校到全国大赛，每年有近 1500 万名青少年参加不同层次的活动，经过选拔挑选出 500 名左右的青少年科技爱好者相聚一起进行竞赛、展示和交流活动，成为展示青少年科技活动的最新成果、展现青少年风采的平台。如可印刷的电子防伪保密胶带、新型短距起降飞行器、矿井日光浴光导装置设计、语音控制的多功能表演机器人、薄膜生物聚合物可充电电池、天然创可贴等研究发明，既实用又十分有趣，而且具有进一步开发和深入探索的潜力，体现了中国青少年创新的能力。

目前，全国青少年科技创新大赛不仅是中国内地青少年科技爱好者的一项重要赛事，而且已与国际上许多青少年科技竞赛活动建立了联系，每年都有从大赛中选拔出的优秀科学研究项目参加国际科学与工程大奖赛、欧盟青少年科学家竞赛等竞赛活动。通过青少年科技创新大赛，中国青少年展示了自己的创新思维、开阔了创新视野，为日后成为科技创新的主力军奠定基础。

# 第八章　中国包容性创新的挑战与未来

中国在社会发展、农业与农村科技发展、区域发展、产业发展、中小微企业以及鼓励草根创新等方面，开展了一系列包容性创新的实践活动，并取得了良好的效果。但是，目前中国存在着低收入人口基数大、区域经济发展不均衡、政策改革调整、法律环境有待完善等问题，要继续深入开展包容性创新，提高全民族的创新意识和创新活力，中国仍然面临着一些挑战。

## 一、使包容性理念成为创新的主流价值

首先，政府在政策上要高度重视创新的包容性。在政策目标方面，政府应当从政策层面鼓励和支持包容性创新，将低收入群体社会经济福利的提升作为创新政策的目标之一。在政策导向上，由政府、其他公共部门以及社会组织等为草根创新给予更多物质上和技术上的支持，为他们提供初始研发资金、提供一定的科研条件、进行技术辅导和咨询、为成果商业化提供帮助等；为企业创造公平的市场竞争环境，通过制定法律规范正确引导企业参与包容性创新，同时鼓励风险投资更多涉及最有可能满足低收入群体需求的行业，如农业、医疗、教育等。

其次，使草根群体和企业意识到包容性创新的价值，提高其参与包容性创新的积极性十分重要。企业是创新活动最为活跃的主体，对底层市场需求有着敏锐的判断。目前中国低收入群体规模依然庞大，部分地区经济发展水平和人民生活条件还相对落后，对能够改善其生活与生产水平的创新产品和服务有着极大需求，为企业提供了良好的市场空间，低成本手机、低成本芯片以及低成本医疗设备等就是很好的例子。在低收入群体亲身参与创新方面，他们具有提高自身经济社会福利的主观动机，并且他们常年处于生产第一线，积累了丰富的技术技巧和经验，在发现关键问题及发明创造方面具有优势。草根群体还可以采取与实验室科学研究不同的研究路径，采取特殊的方法，

有可能得到意想不到的成果和发现。

## 二、关注包容性创新的区域差异与人群差异

中国是世界上最大的发展中国家，贫困人口总数仍然庞大，但是由于中国区域间存在着巨大的差异，开展包容性创新要关注不同区域和人群的差异性。中国农村地区与城市地区在基础设施、劳动力素质和资金水平上有所差别，对包容性创新的需求也不尽相同。对农村地区而言，需要交通、通信、网络等基础设施的加强与低端创新产品的惠及；而对于城市地区，关键在于扩大对包容性创新的支持，促进新的、低成本的、高质量的产品和商业模式产生，使其向农村地区转移，甚至向其他国家输出。对于一些少数民族聚集区域，例如新疆、西藏、宁夏等省份，在开展包容性创新时也要注意到少数民族的生活习惯、特定需求等。

在人群差异方面，要开展对低收入群体创新需求的调查研究，特别是要重视少数群体的需要。首先，对中国低收入群体的数量规模、分布区域及生存现状进行调查，为推动包容性创新提供数据支撑；其次，对低收入群体现阶段参与创新实践遇到的问题及困难进行调查，为选择相应的政策支持工具提供依据；最后，需要注意的是，一部分低收入群体并不一定能够准确表述自己的需求，需要在深入调查的基础上，挖掘这些人群的现实需求和潜在需求。

## 三、围绕创新不同阶段构建完整的政策体系

在政策内容上，应当基于中国低收入群体的发展现状与实际需求，围绕项目收集、技术咨询、金融支持、项目孵化和商业化等环节，制定具体可操作的政策措施，进一步完善政策体系。从 20 世纪 80 年代起，中国政府就开始关注利用科技手段帮助农村群体脱贫、促进农村经济发展，鼓励草根群体参与各类科技创新活动，并在中央层面制定了十余项相应的政策措施，这些举措非常契合包容性创新的实质。但是，相对于建立起一整套从寻找立案、产品发展增值、企业发展、知识产权管理到最后商业化的政策体系和运作机制的印度政府而言，中国关于包容性创新的政策与实践活动还较为分散。主要体现在以下几个方面：一是现有的科技惠农政策，过度强调科技本身的推

广和普及，对鼓励这些群体积极参与实施创新关注不足；二是政策虽然涉及技术供给、金融支持等多个方面，但尚未围绕包容性创新链条形成完整的政策链，在项目发现、项目孵化及商业化等环节尚存在缺失；三是除科技惠民计划外，大部分政策是在 20 世纪 80 年代或者 2000 年前后出台的，距现在已有十余年之久，随着中国低收入群体经济社会生活情况的改变，这些政策的内容与着力点也需要随之调整。

## 四、注重创新风险与收益的均衡

包容性创新能够带来收益，但也存在一定的风险，需要注重风险和收益的均衡。一是一些企业可能会打着“包容性创新”的幌子，片面追求产品的低成本、低价格，牺牲产品的可靠性和稳定性，使产品质量大打折扣，这实际上与包容性创新改善低收入群体社会经济福利的内在要求相违背。二是以包容性创新的名义，在经济较为落后、地理位置较为偏僻的地区开展具有潜在危险性的项目，如二甲苯化工（PX）项目等，短期内可能会为落后地区带来经济收益，但是也为该地区环境的可持续发展带来隐患。三是一些草根创新者缺乏对发明创造的知识产权的保护意识，或者没有足够能力对其知识产权进行保护，可能会导致很多新的、很好的创意或者发明被他人窃取，使草根创新者的利益受到损害。

因此，政府有必要对市场进行适当监管，引导企业在低成本的前提下提高产品质量，合理开展包容性创新活动，并采取措施对草根创新者的知识产权进行保护等。加强政府对劣质低价产品的监管，一方面遵循行业规范与标准，对产品质量进行严格把控，杜绝企业伪包容性创新行为；另一方面，对不良企业及产品信息进行披露，保障低收入消费者利益。同时，加强对草根群体自主知识产权的保护，在专利申请费、审查费、年费等方面对低收入群体给予一定程度的减免。